구글 임원에서
실리콘밸리 알바생이
되었습니다

구글 임원에서

실리콘밸리
알바생이 되었습니다

정김경숙(로이스 김) 지음

위즈덤하우스

변화 앞에서 머뭇거리는 당신에게

딸기 15박스가 쌓여 있는 운반용 카트를 밀다가 균형을 잃어 박스가 쓰러졌습니다. 카트에 실려 있던 딸기는 모두 바닥으로 우르르 쏟아져버렸죠. 순간 눈앞이 캄캄해졌습니다.

'이 딸기가 오늘 매장에 들어온 전부인데. 나 때문에 이걸 다 버리게 되다니….'

저는 매장 바닥에 뒹구는 딸기를 보면서 망연자실해 있었습니다. 그 모습을 보고 매니저가 달려옵니다. "로이스 괜찮아요?" 걱정스러운 말투였지만 저는 미안한 마음에 고개를 들 수 없었습니다. "나는 괜찮은데, 딸기가 모두 망가졌어요. 어쩌죠?" 매니저는 저를 살피더니 안도의 한숨을 내쉽니다. "로이스, 딸기는 내일 또 들어와요. 오늘 딸기를 사지 못한 고객들은 내일 사면 돼요. 로이스가 다치지 않은 게 중요해요."

제 '갭이어gap year'의 한 장면입니다. 미국의 슈퍼마켓 체인 '트레이더 조Trader Joe's'의 일은 1년이 넘어가도 낯설기만 합니다. 그럴 수밖에요. 저는 지난 30년간 책상 앞에 앉아 주로 문서 작업만 해왔으니까요. 마트 안에서 일하면서 제 몸이 제 것 같지 않다고 느낄 때가 참 많습니다. 검도, 수영, 등산, 마라톤…. 나름 꽤 열심히 운동해왔다고 자부했는데 이렇게 몸을 못 쓸 줄이야!

저는 이 커다란 슈퍼마켓 안에서 어설프고 서툰 신입 직원입니다. 큰 사고를 치면 어쩌나, 늘 마음 졸이며 하루를 보내지만 땀 흘리며 일하는 게 좋고, 고객과 대면하는 게 즐거워 출근이 기다려집니다. 시도 때도 없이 하이파이브와 주먹 인사를 하며 서로 응원을 건네는 동료들도 든든하고요.

'갭이어'라는 말, 혹시 들어보셨나요? 보통 고등학교와 대학교 사이, 혹은 대학교를 졸업하고 취업하기 전에 재충전 시간을 갖는 것을 말합니다. 장기간 여행을 떠나거나 학교에서 가르쳐주지 않는 것을 배우는 등 새로운 경험을 해보는 시간이지요. 저는 대학 졸업과 유학, 그 후로 30년 내내 이어진 회사 생활 때문에 갭이어를 가져보지 못했습니다. 아니, '가질 생각도 하지 않았다'는 표현이 맞을 거예요. 이직을 할 때도 이전 회사를 금요일에 마지막으로 출근하면 곧바로 월요일에 새 회사로 출근하던 사람이었거든요.

적어도 일에서는 막힘없는 인생이었습니다. 큰 굴곡도, 큰 시련도 없이 내로라하는 외국계 회사를 속칭 '점프하듯' 옮겨 다니며 커리어를 쌓아왔으니까요. 원하는 부서에서 원하는 일을 하며 좋은 성과를 냈고, 높은 급여와 자랑스럽게 내놓을 만한 직함도 달았습니다. 5년 전에는 미국 실리콘밸리에 있는 구글 본사의 디렉터로 일하게 되었고요. 제 커리어와 인생 성장에 관한 책도 썼답니다. 그렇게 30년 직장 생활을 꽤 잘해왔습니다. 매순간 열심히 살아왔으니 제 앞에는 계속 장밋빛 커리어가 있을 거란 기대를 했었지요.

이쯤에서 '그런데'가 나와야 얘기가 되겠죠? 맞아요. 그런데… 입니다. 제 커리어 인생에 예기치 못한 변화가 찾아왔습니다. 누구도 예상하지 못한 극적인 변화였죠. 코로나 팬데믹 기간 동안 특별 호황을 누렸던 실리콘밸리 IT 기업들 사이에선 팬데믹이 끝나가면서 향후 경제에 대한 불확실성으로 2022년부터 대량 해고 칼바람이 불기 시작했습니다. 2023년 초 구글에서도 구조조정으로 1만 2,000명의 직원을 해고했습니다. 그리고 그 1만 2,000명 중에는 저도 있었죠.

새벽에 날아온 이메일 한 통엔 이런 말이 적혀 있었어요.

"네 자리는 없어졌어. 오늘부터 출근하지 않아도 돼."

5년 전 제가 낸 제안이 받아들여져 팀이 꾸려졌고, 미국에 있는 본사까지 와서 그 팀을 성장시키기 위해 동분서주해왔습니다. 그런데 하루아침에 저도 제 팀원들도 몽땅 정리해고layoff당한 거예요. 그 충격이 어땠을지 상상이 가시나요? 무엇보다 16년간 구글에서 일하면서 '가장 구글러답다'라는 말을 들을 정도로 뼛속까지 구글러였던 저는 정리해고를 받아들이기 힘들었습니다. 화도 났죠. 회사를 너무 사랑했었으니까요.

그런데 갑자기 이런 생각이 들더라고요. '이렇게 좋아하는 회사를 나중에 내 발로 나가기 어려울 것 같으니, 회사가 나를 대신해서 끊어준 게 아닐까? 그러면서 후한 패키지까지 주고.' 상황을 전환해 바라보자 마음이 한결 가벼워졌습니다. '그래, 직장 생활을 30년이나 했으니 이 기회에 나도 갭이어라는 것을 한번 가져보자'라는 생각도 하게 됐죠. 50대 나이에 말입니다. 갭이어를 특별히 보낼 방법을 고민했습니다. 그리고 결정했죠.

'회사 생활을 하면서 만날 수 없었던 사람들을 만나자. 최대한 많은 사람을 만나서 그들 각자가 가진 이야기를 들어보면 또 다른 배움을 얻을 수 있지 않을까?'

그렇게 로이스의 '1만 명 만나기 프로젝트'가 시작되었습니다. 다양한 사람을 많이 만날 수 있는 방법을 고민하다가 세 가지 직업을 찾았고, 저는 2023년을 트레이더 조의 아르바이트생으로, 스타벅스의 바리스타로, 공유 운전 서비스인 리프트Lyft의 운전사로 일하며 보냈습니다. 때때로 고양이 돌보기 같은 펫시팅pet sitting 일도 했고요. 물론 꾸준히 제 전문 분야에서 컨설팅 일도 했습니다.

지난 1년간 만난 사람들은 제 인생의 지평을 넓혀주었고, 제 가슴을 따뜻하게 해주었고, 제 생각을 키워주었습니다. 또 제가 앞으로 할 일, 스토리텔링과 다른 산업 분야 알아가기에도 도움을 주고 있고요. 저의 갭이어는 정리해고로 인해 떠밀리듯 시작되었지만, 값진 경험으로 남았습니다. 제 50년 인생에서 가장 드라마틱하고, 가장 많은 것을 경험하고, 가장 크게 성장한 시기라고 자부할 수 있을 정도로요.

여러분은 '강요된 변화'를 어떻게 맞이하실 건가요? 정리해고가 아니라도 우리 인생에는 원하지 않는 변화가 수시로 찾아옵니다. 조직 개편으로 내가 원하지 않는 보직을 맡게 되었을 때, 자의 반 타의 반으로 회사를 그만두어야 할 때, 아이 양육으로 경력이 단절되었을 때, 오랫동안 준비했던 시험에 합격하지 못했을 때, 갑자기 큰 병에 걸렸을 때, 혹은 취업이 잘 안될 때 등등 다양한 모습을 하고 말이죠.

　저는 '꿈의 직장'이라 불리는 구글에서 정리해고당한 후, 새로운 꿈을 꾸게 된 제 경험을 나누고 싶어서 이 책을 쓰게 되었습니다. 제가 그랬던 것처럼, 원하지 않은 변화 앞에서 머뭇거리고, 겁먹고, 움츠러들어 있는 모든 분께 저의 이야기가 작은 희망이 되었으면 합니다.

PART 1. 인생의 새로운 장이 열리다

PART 2. 회사가 시키는 일이 아닌 나만의 프로젝트 시작하기

당신의 전성기는 언제였나요?

이 글을 읽는 여러분의 커리어 전성기는 언제였나요? 대학 졸업과 동시에 입사한 회사에서 인정받은 첫해? 대리, 과장, 부장으로 초고속 승진하던 때? 최연소로 회사의 꽃이라는 임원을 달 때? 그러게요, 저의 지난 30년 직장 생활을 돌이켜봐도 그런 때가 다 있었습니다. 그때마다 성공의 기쁨은 짜릿했습니다. 위로부터 인정받고, 동료들에게 신뢰받는다는 건 기분 좋은 일이었고, 남들보다 젊은 나이에 그 어렵다는 임원이 된 것도 정말 뿌듯한 일이었어요.

아, 한 가지 더 있네요. 첫 책을 쓴 뒤 제가 참 좋아하는 TV 프로그램에 출연해 유느님을 만났을 땐 '와, 나 좀 멋진데?' 하는 생각도 들었었죠. 물론 자랑은 아니고요. 남들 100할 때 200을 해야 겨우 비등해질 정도로 새로운 걸 배우는 게 느린 제 얘기를 통해 '늦음이란 없다'는 용기를 드리고 싶었습니다. 첫 책을 낸 뒤 많은 사람들이 저를 알아봐주었어요. 덕분에 평생 숙원(이자 원수)인 영어와의 싸움에서도 절로 자신감이 생겼습니다. 아마 이때가 제 인생의 최전성기였던 것 같아요.

분에 넘치게 책도 쓰고, TV 프로그램에 출연해서 많은 사람들이 저에게서 꿈과 희망을 얻었다는 이야기를 듣던 바로 그때로부터 정확히 6개월 만에, 저는 바닥으로 곤두박질쳤습니다. 천국과 지옥을 오갔다는 말이 전혀 과장이 아닌 상황이었지요.

하루아침에 확 고꾸라진 경험, 혹시 있으신가요? 저는 50년 넘게 살면서 그런 적이 없었습니다. 그동안 운이 좋았고(물론 부단히 노력도 했고요), 결과는 만점까진 아니어도 대부분 만족할 수준이긴 했습니다. 그 바탕에는 초긍정적인 제 성격이 한몫했겠지만요.

잘나가던 사람이 한순간에 바닥을 쳤을 때, 어떻게 될까요? 안타깝게도 저는 좋은 사례를 많이 보지는 못했습니다. 한창 잘나가던 연예인이 갑자기 인기를 잃었을 때, 늘 주목할 만한 연구 결과를 내던 연구자가 새로운 실험에 실패했을 때, 베스트셀러를 연이어 내던 작가의 신작이 대중으로부터 외면당했을 때….

너무 먼 사례라면 개인의 커리어에서 찾아볼까요? 초고속 승진을 했는데 성과가 지지부진해서 다음 경로가 불투명해질 때, 늘 고성과자로 인정받던 사람이 새 팀이나 새 회사로 옮긴 후 잘 적응하지 못해 힘든 일을 겪을 때, 공격적으로 새로운 프로젝트를 주도했는데 처참한 실패로 끝났을 때 등등. 그저 우울하고 침체된 분위기가 연상되네요. 늘 남들이 부러워할 만한 위치에 있었고 그 자리에 계속 있을 줄 알았을 테니, 갑작스러운 침체기를 견디기 어려운 거죠.

딱 1년 전 저도 그랬습니다. 잘나가던 제 커리어에서 '하락세'라는 건 상상도 해보지 않았죠. 맞아요. 이 책은 제가 바닥을 친 얘기입니다. 구글 임원이 하루아침에 갑자기 정리해고된 이야기이고, 30년간 쉬지 않고 열심히 오른 계단의 꼭대기에서 한순간에 확 고꾸라져 바닥으로 떨어진 얘기입니다. 불행히도, 바닥으로 나동그라진 저를 순식간에 꼭대기로 데려다줄 초고속 엘리베이터 같은 건 준비되어 있지 않았습니다. 그래서 이 책은 위기에서 화려하게 부활한 슈퍼히어로로에 대해서는 얘기하지 않아요. 대신 정말 멋진 점프를 위해 열심히 근력운동을 하는 평범한 한 사람의 고군분투가 담겨 있습니다.

얼마 전, 수영을 하다가 이런 생각을 했습니다.

'나는 지금 바닥을 친 다음 물 표면에서 열심히 물장구를 치며

가라앉지 않으려 안간힘을 쓰는 상태구나!'

수영을 해본 분들은 아실 거예요. 어중간한 깊이의 물 중간에서는 아무리 힘차게 물장구를 쳐도 수면 위로 올라갈 수 없다는 사실을요. 수영장 바닥에서 발을 힘차게 내딛어야 수면 위로 쑤욱 올라가 유유히 수영을 즐길 수 있습니다. 정리해고 통보를 받고 바닥을 친 저는 겨우겨우 물 위로 떠올랐어요. 그렇게 '꼬로록' 물속에 잠기지 않으려 애쓰면서 다시 앞으로 나아갈 힘을 모으고 있답니다. 어떤 힘을, 어떻게 모으고 있냐고요?

그래서 준비했습니다. 구글 임원이었던 55살 로이스가 실리콘밸리의 알바생이 된 이야기! 지금부터 시작해보겠습니다.

PART 1.

인생의
새로운 장이
열리다

정리해고. 내 인생에서 상상해본 적 없는 그 단어를 마주했을 때 떠오른 것은 팬데믹 때 배운 '서핑'이었다. 서퍼들은 서핑보드에 누워 파도를 기다린다. 파도가 서퍼의 발끝을 치는 게 느껴질 때, 그 순간 탁 차고 일어나야 멋지게 파도를 탈 수 있다. 제때 차고 일어나지 못하면 파도는 그냥 흘러갈 뿐이다.

더 크고 더 거친 파도를 기다리는 서퍼들처럼 나도 생각지도 못했던 '정리해고'란 험한 파도를 멋지게 즐길 방법이 있지 않을까?

1

로이스, 구글에서 정리해고되다

지난 10년간 빅테크 기업들은 호황기를 누리며 그야말로 블랙홀처럼 인재를 빨아들였다. 팬데믹으로 전 세계의 시간이 갑자기 정지된 것 같았을 때도 온라인 비즈니스를 기반으로 하는 테크 기업들은 오히려 더 큰 폭의 성장을 이어갔다. 그리고 이는 인재 영입 전쟁으로 이어졌다. 일주일마다 1,000명이 넘는 직원이 새로 들어오는 모습을 보면서 나는 깜짝깜짝 놀랐다. 경쟁 회사에 인재를 빼앗기지 않으려고 '묻지 마 채용'을 하는 건가? 싶은 생각도 들었다.

이런 분위기는 2022년에 들어서며 확 달라지기 시작했다. 거시 경제의 불확실성에 대한 언급이 잦아지면서, 빅테크 기업들이 인력을 방만하게 운영하고 있다는 투자자들의 날선 소리가 여기저기서 나왔다. 그리고 마침내, 대량 정리해고 칼바람이 실리콘밸리를 강타했다.

그 시작은 트위터(현재 엑스)였다. 2022년 4월 일론 머스크에게 인수된 트위터는 그해 말 직원 7,500명을 정리해고했다. 하루아침에 전체 직원의 80%를 날려버린 것이다. 그런데 경악할 일은 따로 있었다. 직원 수가 갑자기 줄어들면 서비스가 당장 다운될 거란 예상이 빗나간 것이다. 놀랍게도 트위터는 이상적으로는 아니지만 그런대로 돌아가고 있었다.

아마 그때부터였던 것 같다. 빅테크 기업들과 주주들이 '아, 이렇게 정리해고를 해도 기업이 돌아가는구나' 하고 자신감이 붙었던 게 말이다. 비대면 서비스에 대한 수요가 갑자기 커지면서 한때 코로나19 특수를 누렸던 테크 기업들은 본격적으로 성장 둔화에 대한 고민을 하게 되었다. 이런 분위기 속에 페이스북의 모기업인 메타가 전체 직원의 13%에 해당하는 1만 1,000여 명을 정리해고했고, 스냅챗 전 직원의 20%도 구조조정됐다. 이어서 아마존 1만 명, 마이크로소프트 1만 명, HP 7,000명 등 대량 해고가 줄줄이 이어졌다.

구글도 2022년 7월에 경영 효율화 방침을 발표했다. '비효율적인 조직 구조를 바꾸고 중복되는 프로젝트는 단일화한다. 비용을 지출할 때는 더 꼼꼼하게 따져보고 특히 오프라인 행사의 경우 꼭 필요한지 한 번 더 살펴본다. 해외 출장은 반드시 필요한 경우에만 간다' 등의 내부 가이드라인도 나왔다. 다만 긴축정책이 발표된 와중에도 수천 명의 직원들이 매달 새로 채용되고 있어서 '이게 뭐지?'라는 생각을 했다. 앞뒤가 맞지 않았으니까.

이런 생각은 나만 가진 것이 아니어서 회사 내 큰 미팅이 있을 때마다 '성장이 둔화되고 거시경제 위기감이 크다는데 왜 이렇게 많은 사람을 계속 뽑는가?'라는 내용의 질문이 쏟아졌다. 이에 대해 경영진은 '인재 채용은 파이프라인이다. 지금은 이전보다 인재 채용을 더디게 진행하고 있으며, 인재 채용 정책을 바꾸더라도 그 결과는 한 분기 이상 걸려서 나타난다'라고 안일하게 답을 하곤 했다.

그 무렵 구글러들은 서넛만 모이면 '실리콘밸리 대량 해고 칼바람이 우리에게도 영향을 미칠 것인가?'에 대해 걱정하기 시작했다. 이런 이야기를 할 때면 나를 포함해 구글에서 오래 일한 사람들은 당연히 '구글은 열외'라고 생각했다. 2018년 금융위기 때도 별일 없이 지나갔으니까.

실제로 2022년 11월 구글 CEO가 경영 효율화 발표를 했을 때

팀원 한 명이 내게 이렇게 물었다.

"로이스, 나 괜찮은 거예요? 정리해고되는 거 아닌가요? 걱정돼서 요즘 잠을 못 자요. 알잖아요, 제가 이전 직장에서도 정리해고되었던 거요. 이번에 또 그렇게 될까 봐 너무 걱정돼요."

그도 그럴 것이 이 친구는 이전 직장에서 이미 두 번이나 정리해고를 경험했다. 미국 직장인의 3명 중 1명 이상이 정리해고를 경험하고, 60% 이상이 해고에 대한 불안감을 안고 산다고 한다. 그 친구에게 난 이렇게 말했다. "내가 구글에 16년 넘게 있었는데, 많은 어려운 시기를 잘 넘겨왔어. 괜찮을 거야." 그리고 이렇게 덧붙이기까지 했다. "네가 하는 일은 정말 가치 있는 일이어서 누구도 대체할 수 없어."

참고로, 미국에서는 업무 성과와 상관없이 회사가 조직변경으로 직원을 내보내는 것을 정리해고layoff라고 하고, 개인의 업무성과가 안 좋아 해고하는 건 해고fire라고 명확히 구분해서 말한다. 또한 고용이 유연한 미국에서는 정리해고되었다는 걸 숨기거나 창피해하지 않는다.

찜찜한 스팸 메일을 받다

나는 전날 잠자리에 들기 전에 다음 날 일정을 체크한다. 2023년 1월 20일 목요일, 그날도 습관대로 스케줄러를 확인했다. 다음 날 오전은 반차 휴가를 신청해둔 상태였다. 오전에 치과 약속이 잡혀 있었기 때문이다. '아, 내일은 아침 일찍 산호세까지 가야 하니 조 깅을 하기엔 시간이 빠듯하겠네. 오랜만에 늦잠이나 잘까?'라는 마음으로 새벽 1시쯤에 잠자리에 들었다. 물론 늦잠이라고 해봤 자 7시 기상이다.

그리고 다음 날인 금요일 아침, 알람 소리에 깨서 나갈 준비를 했다. 매일 아침 가장 먼저 하는 일은 휴대폰으로 이메일을 확인 하는 거다. 여느 때처럼 회사 계정 메일을 여는데 이상하게 페이 지가 뜨지 않았다. 할 수 없이 회사 계정에서 나와 개인 메일을 열 었다.

"Notice regarding your employment(고용에 관한 고지)"라는 제 목의 새로운 이메일이 맨 위에서 반짝였다. 이메일의 첫 문장은 이랬다.

"We have some difficult news to share. We are reducing our workforce and are very sorry to tell you that your role is impacted and we no longer have a job for you at Google(전하기

힘든 소식이 있습니다. 구글은 일부 직원을 감원하기로 결정했으며, 유감스럽게도 당신이 그 대상이 되었습니다. 당신은 구글에서 더 이상 직무를 유지할 수 없다는 사실을 알려드립니다).”

'뭐? 오늘부로 구글에서 내 역할이 없어졌다고? 만우절도 아닌데 아침부터 장난 메일이네.'

스팸 메일이 너무 많이 오기 때문에 이건 참 애교 있다, 라고 생각하면서 첫 두 문장 정도 읽고 닫아버렸다. '스팸 메일을 보내려면 좀 믿을 만하게나 써야지' 하면서 말이다.

곧바로 나갈 준비를 했다. 문을 열고 막 나가려는 참에 휴대폰 벨이 울렸다. 이렇게 아침 일찍 울리는 전화는 보통 한국에서 온 것이다. '무슨 일이지? 엄마나 시어머니가 어디 아프신가?' 하는 생각이 먼저 들었다. 그런데 내 예상과는 달리 VP(Vice President, 부사장)의 전화였다.

“로이스, 괜찮아요? 걱정되어 전화했어요.”

나는 무슨 일인가 싶었다. “회사에 무슨 일 있어요?”라고 되물었는데, 부사장이 더 놀란 목소리로 답한다. “이메일 아직 안 읽었어요? 회사 구조조정에 대한 이메일이 갔을 텐데…. 안타깝게도 로이스의 팀이 없어졌어요.”

영어는 이해하겠으나, 의미를 이해할 수 없었다. '그럼 방금 읽은 이메일이 스팸이 아니었던 건가?' 일단 괜찮다고 한 뒤, 메일을 자세히 읽어보겠다고 했다. 부사장은 필요한 게 있으면 언제든지 얘기하라고 하면서 전화를 끊었다. 그리고 10분 후에 SVP(총괄 부사장)가 보낸 문자 메시지도 도착했다. 그는 나를 미국에 데리고 온 사람이다. 문자 메시지에는 '안타깝게 됐다. 도움이 필요하면 언제든지 연락하라'는 내용이 적혀 있었다.

스팸 메일이 아니었어

16년 동안 너무나 좋아했던 회사. 구글이 내 자리를 없앤다고? 다른 사람도 아닌 나를, 로이스를 내보낸다고? 4년 전에 새로운 포지셔닝을 만들어 나를 미국 본사에 오게 해놓고, 이제 와서 내 자리를 없애고 또 내가 만들고 키운 팀도 없앤다는 거야? 나는 도무지 믿을 수가 없었다. 하루 이틀 뒤에 다시 이메일을 보내서 '금요일에 보낸 메일은 실수였어. 미안!'이라고 할 것 같았다. 물론 그런 일은 일어나지 않았다. 하루아침에 이메일로 통보하면서 '너는 구조조정 대상이야'라는, 영화나 드라마에서나 보았던 장면. 내가 그 당사자가 된 거구나.

정리해고로 인한 회사 근무 종료일은 3월 31일이었지만, 발표가 난 당일부터 회사는 나가지 않는 것으로 가이드라인이 나왔다.

정리해고 메일을 몇 번이나 읽으면서도 현실감을 느끼지 못했다. 오전이 지나니 알고 지내던 구글러들에게서 이메일과 문자 메시지가 오기 시작했다. 나의 정리해고 소식을 알고 안부를 물어오는 것이다. 내 사내 계정이 그날 아침부터 삭제되었기 때문에, 이메일이나 채팅이 보내지지 않고 튕겨나와 알게 되었다고 한다.

그날 내내 많은 회사 동료로부터 걱정하는 전화와 문자를 받았다. 특히 나를 미국에 오게 했던 총괄 부사장은 몇 번이나 문자를 보내 신경 써주었다. 그는 이후로도 계속 연락하며 새로운 일자리를 소개해주기도 했다. 정말 진정으로 또 실질적으로 도움을 준 고마운 사람이다.

하루에도 100통이 넘는 메일이 쏟아지고, 채팅창 대여섯 개를 동시에 열어놓고, 15분 단위로 쪼갠 연달은 회의 일정으로 캘린더가 꽉 차 정신없이 일을 해치우는 구글 생활을 16년간 매일 해왔는데 이날은 정말 조용했다. 아니 적막했다. 영화를 보다가 갑자기 화면이 정지된 것 같았다. 무의식적으로 회사 이메일 아이콘을 클릭하면 계정이 닫혀 있다는 메시지가 떴다. 어이없고 황당했다. 나는 여전히 정리해고를 받아들이지 못하고 있었다.

2

Layoff 첫 공개!

해고통지를 받고선 정신이 멍했다. 현실감도 없었다. 바로 얘기할 가족이 옆에 없다는 게 이날따라 참 외로웠다. 내 생각이 정리가 안 된 상태에서 미국 동부에 살고 있는 아이에게 얘기하기는 어려 웠다. 지난 4년 내내 가족과 떨어져 살면서 외로움이라곤 전혀 느끼지 못했는데 참 혼자다, 라는 생각을 처음으로 했다.

그러곤 매주 금요일 점심때마다 나가는 동네 시니어센터 배식 자원봉사에 갔다. 마음은 무겁지만 내가 갑자기 빠지면 자원봉사 인원이 부족할 터였다. 3년 반 넘게 나가고 있는 곳이라 이곳에서 활동하는 자원봉사자들과는 무척 친한 사이가 되었다. 배식이 끝나자마자 한 자원봉사자가 나에게 말했다.

"로이스, 회사에 빨리 들어가야 하는 거 아니야? 뒷정리는 우리가 할게. 어서 가봐."
"같이 정리하자. 오늘은 회사 안 가도 돼. 나 오늘 아침에 정리해고됐거든."

나도 모르게 입에서 '정리해고'라는 말이 튀어나왔다. 가족에게도 아직 하지 못한 첫 공개였다. 얼떨결에 한 것이었지만 속이 후련했다. '이게 꿈이 아니구나'라는 현실감도 들기 시작했다.

그날 저녁에는 한 스타트업 투자자와 약속이 있었다. 마음도 무겁고 회사도 그만둔 마당에 만나서 딱히 할 이야기도 없을 것 같아 약속을 취소할까 하다가 그냥 예정대로 나갔다. 그분은 만나자마자 "Done for the day(오늘 일 다 끝났어요)?"라고 인사를 했다. 일상적인 인사말이었지만 그날 나에게는 다르게 들렸다. 오늘부터 회사에 나오지 말라고 해서 출근을 안 했으니 말이다.
나는 "Yes, done for the day. And actually I think I'm done for the week, I'm done for the month, too(네. 오늘 일 다 끝냈고, 이번 주 일도 다 끝냈고, 이번 달 일도 다 끝냈어요)"라고 웃으면서 말했다. 의아한 표정을 짓는 그에게 오늘 아침에 정리해고 이메일을 받아서 아직까지 얼떨떨한 기분이라고 전했다. 난생 처음 만난 사람에게 정리해고 공개라니. 좀 웃픈 현실이었지만 그분은 누구에게나 일어날 수 있는 일이라며 세상 사는 이런저런 얘기로 나를 위로했다.

정리해고 다음 날 떠난 여행

정리해고 통보를 받은 첫날을 보내고 주말이 되었다. 하필이면 그 주 토요일과 일요일 이틀은 검도장 친구들과 몬터레이 베이로 1박 2일 여행 약속이 있었다. 이런 기분에 가서 놀 수 있을까? 친구들에게 정리해고된 것을 얘기해야 하나? 괜히 친구들 마음까지 착잡하게 만들어서 모처럼 가는 여행을 망치는 게 아닐까? 등등 생각이 많았다. 몸이 아프다는 핑계로 가지 말까도 생각하다가, 이럴 때 집에 있으면 더 가라앉으니 그냥 갔다 오자는 마음으로 다음 날 아침 행선지로 향했다.

고민했던 시간이 무색하게 나는 만나자마자 친구들에게 정리해고 이야기를 꺼냈다.

"얘들아, 나 구글에서 해고당했어. 바로 어제!"

친구들은 나보다 더 흥분하며 '16년이나 온 마음을 바쳐 일한 직원을 하루아침에 이메일로 해고통지를 하는 게 있을 수 있는 일이냐, 이런 김에 1년 동안 실업수당을 받으면서 좀 쉬어라, 경기가 좋아지면 다시 일을 찾아보면 된다' 등등의 위로와 조언을 해주었다. 덕분에 기분도 많이 나아졌다. 큰 문제일수록 혼자 끙끙 앓을 것이 아니라 공개적으로 언급하고 마음을 나누는 것이 현명하다는 사실을 다시 한번 깨달았다.

여행을 하는 동안 내내 나는 "나 정리해고됐잖아"를 말끝마다 붙였다. 커피숍에 가서 당당하게 메뉴를 고른 뒤에 친구에게 "오늘은 네가 사. 나는 정리해고됐잖아" 하며 씩 웃었다. 점심 먹을 음식점을 선택할 때도 "오늘 점심은 내가 고를게. 나는 정리해고됐잖아"를 반복했다. 또 "아침에 같이 달리자. 나 정리해고 됐잖아"라며 친구들의 등을 떠밀어 같이 조깅하러 나가기도 했다. 나만큼 나를 잘 아는 오랜 친구들은 못 말린다는 듯 허허 웃으며 받아주었다. 덕분에 나는 친구들과 보낸 1박 2일 동안 마음을 가다듬고, 침착하게 현실을 자각할 수 있었다.

여행을 다녀온 다음 날 아침에는 평소와 다름없이 조깅을 했다. 그런데 전력을 다해 달리던 내 머릿속에 순간 번쩍하는 깨달음이 스쳤다. 첫 책을 출간했을 때 많은 독자들이 물었었다.

"언제까지 구글에 계실 거예요? 언제까지 일할 생각이세요?"

그러면 나는 "구글은 정말 정말 좋은 회사이지만, 한 2년 정도만 더 다니고 그 후에는 좀 작은 회사에서 큰 역할을 하고 싶어요"
라고 말했었다. 그 2년이 조금 빨리 온 거라고 여기면 되지 않을
까? 원래 하려던 계획을 일찍 실행한 것뿐이라고 생각하니 정리
해고가 별것 아닌 것처럼 느껴지기 시작했다.

내 인생의 플레이오프가 시작되는 거야

한국에 있는 친구들에게도 정리해고 사실을 전하기 시작했다. 한
친구는 나에게 이렇게 말해주었다.

"로이스, 구글이 정말 좋은 직장인 건 맞아. 너는 구글과 너무 잘
어울리는 사람이었지. 네가 2~3년 뒤에 구글을 그만두고 다른 일
을 하겠다고 했지만 난 그 말을 믿지 않았어. 그때는 네가 구글을
사랑하는 마음이 더 커지고 직급도 더 높아져서 절대 스스로 그만
둘 수 없을 거라고 생각했거든. 이번에 회사가 먼저 네 손을 놓아
준 게 아닐까? 두둑한 퇴직금 패키지까지 주면서 말이야. 얼마나
고마운 일이니?"

전화를 끊고 나서 종일 "회사가 먼저 네 손을 놓아준 거야"라는
친구의 말이 머릿속에서 맴돌았다. 친구의 말이 딱 맞았다. 계획
은 있었지만 나는 절대 스스로 구글에 사표를 내지 못했을 것이

다. 그러니 정리해고는 정말 하늘이 준 기회인지도 몰랐다. 하늘이 내려준 꿈의 직장 그리고 하늘이 내려준 정리해고.

그즈음 한 친구에게 문자 메시지를 보냈는데 실수로 철자를 잘못 타이핑했다. 'I am one of the layoffs(나 이번에 정리해고된 사람 중 하나야)!'라고 할 것을 'I am one of the playoffs(나 플레이오프에 진출한 사람 중 하나야)!'라고 적은 것이다. '플레이오프'란 스포츠 리그에서 정규 시즌이 끝난 뒤 상위 팀들끼리 최종 우승을 겨루는 경기를 말한다. 스포츠 선수들은 이 플레이오프 진출을 위해 정규 시즌 내내 땀을 흘린다.

layoff 되었지만, 정말 내 마음은 playoff에 진출한 기분이었다. 지금까지 열심히 한 대가로 부여받은 결승 진출권, 플레이오프!

'그래, 이런 기회가 또 있겠어? 이 기회를 정말 잘 활용해보자. 앞만 보며 빡빡하게 달려온 인생 오십에 나도 갭이어라는 걸 한번 가져보는 거야.'

이렇게 마음먹으니 기분이 한결 좋아졌다. 이제야말로 최종 우승(챔피언)을 향한 '찐' 게임의 시작이다.

3

변화는 늘 내가 주도해왔는데

대학 졸업식도 하기 전에 첫 출근을 한 내 인생 첫 회사는 의류회사 이랜드였다. 1년 반 정도 기획팀에서 일하면서 비즈니스에 대한 관심이 생겨 경영전문대학원 과정MBA을 밟기로 결정하고 미국으로 유학을 떠났다. MBA를 마치고 귀국해서 1995년 여름에 모토로라코리아에 취직했다. 그렇게 모토로라에서 8년 넘게 일한 뒤 제약회사인 한국릴리에서 5년을 일했고, 2007년 1월부터 구글코리아에서 12년 반, 그리고 미국 본사에 인터내셔널 미디어팀을 만들자고 제안한 뒤 팀을 꾸리고 성장시키며 4년을 일했다. 그야말로 쉼 없이 달려온 30년이었다.

회사와 회사 이직 사이에는 그냥 평범한 주말이 있었다. 금요일 저녁에 이전 직장에서 마지막 퇴근을 했고, 잠깐 주말을 보내고 다음 날 월요일 아침엔 새 직장으로 출근했다. 모토로라, 릴리, 구글에서 모두 재직 중에 자원해서 부서 이동을 했다. 커뮤니케이션팀에서 마케팅팀으로 혹은 마케팅팀에서 커뮤니케이션팀으로.

MBA를 마쳤지만 직장 생활을 하면서도 저녁 시간에는 야간 대학원을 다녔다. 모토로라에 근무할 때는 연세대 광고홍보대학원에서, 한국 릴리에 근무할 때는 경희대 경영대학원에서 석사학위를 땄다. 구글에 있으면서는 서울대 정책대학원 석사과정을 마쳤고, 이어 서울과학기술대학교 디지털문화정책 박사과정을 시작했다. 아쉽게도 미국 본사로 직장을 옮기면서 박사학위 과정은 끝내지 못했다.

여느 직장인처럼 커리어 개발과 성장에 늘 관심이 있었고, 내가 하는 일을 잘하고 싶었다. 무엇보다 내가 최고가 되지 않으면 동료들의 성공을 순도 100%의 마음으로 축하해주지 못하고 혹시나 샘내게 될까 봐 순간순간 최선을 다해 열심히 공부하고 배웠다.

난 이제 꼭짓점에서 내려올 일만 남은 걸까?

30년 동안 직장 생활을 하면서 정말 다양한 경험을 했다. '8282(빨리빨리)' '486(사랑해)' 같은 숫자 암호를 만들어냈던 무선 호출기(일

명 '삐삐')와 '길을 걸으면서 통화할 수 있는 전화기'라는 휴대폰이 세상을 바꿀 때 나는 그 한가운데에 있었다. 당시 나는 가장 폼 나는 휴대폰으로 손꼽혔던 '스타택'을 만든 모토로라의 마케팅과 커뮤니케이션을 맡았었다.

미국 제약회사인 일라이 릴리의 한국 오피스에 일하면서, 발기부전 치료제인 시알리스를 한국에 론칭하는 일을 맡아, 1년 만에 거의 독점 상품에 가까웠던 비아그라에 도전해 42%라는 놀라운 시장점유율을 만들어내기도 했다. 여성으로서 남성 질환 치료제인 시알리스 브랜드 매니저가 되었을 땐 여기저기 언론에도 소개되었다.

또 전 세계 최고 검색 회사인 구글 한국 오피스에 초창기 멤버로 들어가 팀을 구축하고, 입사할 때는 20명 남짓이었던 구글코리아가 800명 규모로 성장하는 것도 보았다. 한국에서는 구글 검색엔진이 다른 나라처럼 빠르게 성장하지는 못했지만 유튜브, 크롬 브라우저와 안드로이드 모바일 운영체제 론칭을 하면서 IT 기술 역사에 남을 굵직한 변화를 목격했고, 다큐멘터리 영화로도 제작된 이세돌 9단과 AI 바둑 프로그램인 알파고가 펼친 세기의 대결 프로젝트를 총괄 지휘하기도 했다.

지난 30년간 커뮤니케이션과 마케팅 업무를 하면서 B2C(소비재) 회사에도 있어봤고, B2B(기업 간 거래) 비즈니스도 경험했다. 하드웨어도 소프트웨어도 다뤄보았고 리테일, 정보통신, IT, 인터넷, 제약회사를 두루 거쳤다. 최연소나 초고속 승진 기록은 아니었지만 늘 열심히 하는 만큼 능력과 성실성을 인정받아 승진하고 다양한 분야에서 서로 신뢰하고 챙겨주는 동료들도 많이 생겼다.

그렇게 변화는 늘 내가 원하는 때에 내가 주도해서 만들어왔다. 그리고 그 변화의 열매는 성실히 노력한 만큼 결과로 적절하게 나타났다. 내가 들였던 노력보다 결실이 적게 나와 억울한 적도 별로 없었고, 그렇다고 노력하지도 않았는데 운수대통으로 기대하지 않았던 성과가 나온 적도 없었다. 늘 내가 한 딱 그만큼의 보상을 받았고 나는 그것에 감사했다.

물론 개인적인 굴곡은 있었다. 지금과는 달리 20대 때의 나는 '극소심형' 인간이었다. 다른 사람 앞에서 말 한마디 못하는 자신감 없는 모습이 싫었던 나는 20대 끝자락에서 스스로를 변화시키고자 '본 어게인 프로젝트born again project'를 시작했다. 나를 아는 사람이 없는 곳으로 가서 MBA 과정을 공부했던 이유다. 그야말로 다시 태어나는 기분으로 그곳에서 새로운 자아를 만들겠다고 마음먹었다.

만나는 사람마다 손을 흔들며 "하이!" 하고 큰소리로 인사하고, 기숙사 방문을 두드리며 매일 다른 사람과 밥을 먹었다. 아침마다 조깅을 했고, 팀 프로젝트에서는 늘 발표자 역할을 자청해 맡았다. 영어 실력은 부족했지만 의욕이 넘치는 학생이었다. 그렇게 1년을 하니 어느덧 친구들은 나를 '능동적이고 자신감 넘치는 로이스'로 인식하고 있었다. 내가 그토록 싫어했던 극소심한 모습에서 벗어나 이제는 자신 있고 사회성 있는 로이스가 된 것이다.

나는 그런 사람이었다. 적극적으로 변화를 만들어가는 사람. 청소하라고 하기 전에 청소하고, 공부하라고 하기 전에 공부하고, 운동하라고 하기 전에 운동하고…. 늘 스스로 깨달아 한발 앞서 실행하는 그런 캐릭터. 그런 나에게 느닷없이 정리해고라는 변화가 '닥친' 것이다.

인생 곡선을 다시 그리는 거야

처음에는 남들이 알지 않았으면 하는, 숨기고 싶은 변화였다. 겉으로는 쿨한 척했지만 마음속에는 커다란 상처가 남았다. 평생 '너 없이는 안 돼'라는 말만 들어왔던 사람이 '넌 이제 필요 없어'라는 말을 들었으니 당연하다. 정리해고라는 변화를 어떻게 대해야 할까? 다른 누구도 아닌 나, 로이스라면 어떻게 대처해야 할까? 몇날 며칠을 고민했다. 그리고 스스로 해답을 찾아갔다.

'아마 많은 사람이 실망하고 좌절하고 화나고 무력감을 느끼면서 한두 달은 그냥 보낼 거야. 하지만 로이스 너는 달라. 언제나 주도적으로 살아왔고 또 긍정적인 에너지로 가득한 사람이 바로 너잖아. 네가 이 어려운 변화를 잘 겪어낸다면, 주변의 다른 사람들에게도 큰 힘을 줄 수 있을 거야. 그리고 한번 생각해봐. 그동안 해보고 싶은 게 너무 많았잖아. 또박또박 월급이 나오는 번듯한 직장을 때려치우는 게 아까워서, 시간이 없어서 하고 싶은 일이 생각나도 당장 못 한다고 아쉬워한 적이 얼마나 많아? 그동안 해보고 싶었지만 미뤄뒀던 일들을 한번 해봐. 지금이 최고의 기회 아니야?'

　그날부터였다. 강제적으로 주어진 많은 시간을 '제대로' 활용해보자고 다짐한 것은. '비록 수동적으로 맞이한 변화였지만, 그 변화의 시간을 알차게 채워야지. 인생의 꼭짓점에서 내려오는 것이 아니라, 인생 곡선을 아예 새로 하나 더 그리는 거다!' 그렇게 생각하고 나니 두근두근 마음이 설레기 시작했다.

4

부릉부릉,
새로운 도전에 시동을 걸다

그래, 나는 원래 하고 싶은 일이 넘치는 사람이었다. 빈 종이를 꺼내 내가 하고 싶은 것들을 하나하나 적기 시작했다. 오래 고민하지도 않았는데 목록은 금방 10개를 넘어섰다.

꼭 하고 싶었지만 회사 때문에 시도하지 못했던 일들

- 슈퍼마켓에서 일하기: 특히 트레이더 조의 크루 멤버 되기
- 공유 운전 플랫폼(우버나 리프트) 운전사 되기
- 스타벅스 바리스타 되기

- 인앤아웃 버거In-N-Out Burger에서 일하기

- 레스토랑 바텐더로 일하기

- 아동 도서 전용 서점에서 일하기

- 도서관 사서로 일하기

- 파머스마켓에서 한국 음식 팔기

- 마사지사 되기

- 치과 등의 병원 접수대에서 일하기

- 꽃집에서 일하기

- 반려동물 돌보기

- 아이들 돌보기(특히 5~12세 정도 아이들과 놀아주기)

- 어르신 돌보기

- 시니어센터 배식 자원봉사 시간 늘리기

쭉 적어놓은 목록을 살펴보니 공통점이 있었다.

첫째, 나 자신이 서비스 혹은 제품이 되어 고객과 만나는 일이다. 둘째, 고객을 감동시키는 법을 배울 수 있는 회사나 장소에서 일하는 것이다(일하면서 그 시스템을 몸으로 배울 수 있다면 더 좋다). 셋째, 생활과 밀착된 제품이나 서비스를 제공하는 일이다. 넷째, 영어를 사용하고 영어 연습을 할 수 있는 일이다.

목록을 작성하다 보니 정말 이것도 하고 싶고 저것도 하고 싶었다. 이런 것을 할 수 있는 기회가 또 언제 올까 하는 생각에 갑자기

마음이 들떴다.

사람을 만나고 싶다, 그것도 아주 많이!

30년 동안 회사 생활을 하면서 성장도 하고 인맥도 늘려갔다. 나만 혹은 내 가족만 잘 살고자 하는 마음을 넘어 작게나마 사회에 도움이 되어야 한다는 생각에 자원봉사 활동도 꾸준히 해왔다. 그런데 뭔가 허전했다. 지난 50년 동안 나의 인간관계는 특정 '버블'에 갇혀 있었다. 회사나 학교에서처럼 나와 비슷한 사람들을 만나는 관계 말고, 나와 매일 마주치는 이웃들과 진한 우정을 나누고 싶었다. 내가 사는 지역의 다양한 사람들이 어떤 삶의 우선순위를 가지고 어떻게 하루하루를 보내는지 듣고 싶었다. 지금까지 내가 익숙한 버블 속에서 만나온 사람들과는 다른 배경을 지닌 사람들을 새롭게 만나보고 싶었다. 또 다채로운 생각과 스토리를 가지고 있는 이들과 친구가 되고 싶었다. 나는 왜 새로운 사람을 만나고 싶어 했던 걸까? 지금 와서 되짚어보니 여러 이유가 있었다.

구글에서 16년 넘게 일하고 또 임원이 되면서 나 자신이 사람과 현장에서 점점 멀어지고 있다는 느낌이 들었다. 구글이 제공하는 소프트웨어 서비스가 만질 수 있는 제품이 아니어서 그런지도 모르겠다. 고객과 현장에서 멀리 떨어져 있다 보니, 때로는 내가 일을 제대로 하고 있는지 의구심이 들었다.

제약회사에 근무할 때는 병원에 방문해 의사도 만나고 환자도 직접 만났었다. 모토로라에서 일할 때는 매장에 나가 제품을 구입하는 고객을 만나 이야기를 들었다.

그런데 온라인서비스 회사인 구글에 있으면서는 내가 팔고 있는 제품을 고객들이 어떻게 사용하는지, 어떤 부분에서 만족감을 느끼고, 어떤 부분을 불만족스러워하는지 명확히 알 수가 없었다. 마케팅 리서치랍시고 사용자 열댓 명 정도를 작은 방에 모셔두고 (아니 가두어놓고), 그들의 이야기를 원사이드 룸 미러(한쪽 방향에서는 거울이지만 다른 쪽에서는 유리창인 것)를 통해 듣는 것이 고작이었다.

내 눈앞에서 내가 제공하는 제품에 대한 의견을 그 자리에서 생생하게 듣고 싶었다. 내가 제품과 서비스의 일부가 되어 고객들의 반응을 즉각적으로 볼 수 있는 경험은 차후에 마케터나 커뮤니케이터로 다시 일을 하게 될 때도 크게 도움이 될 것 같았다.

이런 일을 할 수 있는 곳이 어디일까? 오프라인에서 고객을 만나 나의 제품과 서비스를 즐기는 모습을 확인할 수 있는 일에는 무엇이 있을까? 현재 고객을 가장 사랑하는 회사는 어디일까? 고객을 중심에 두고 혁신을 일구어낸 기업, 그래서 '현장'을 배울 수 있는 기업들을 떠올렸다.

무경험자면서 또 나이도 제법(!) 있는 내가 할 수 있는 일, 좋은 동료와 많은 사람을 만날 수 있는 곳 그리고 그 기업 가치와 시스템을 배울 수 있는 곳으로 나는 트레이더 조, 스타벅스, 리프트를 먼저 떠올렸다.

트레이더 조는 미국에만 있는 식료품 슈퍼마켓 체인으로, 홀푸드Whole Foods나 세이프웨이Safeway 등 쟁쟁한 경쟁사들을 제치고 고객 감동 1위로 늘 저만큼 앞서 있는 회사다. 스타벅스는 모두가 알다시피 커피를 넘어 문화와 장소를 연결하며 카페의 개념을 바꾼 기업이고, 리프트는 우버Uber처럼 공유 운전 서비스 회사로 긱경제(gig economy, 1인 프리랜서로 원하는 만큼만 노동력을 제공하고 대가를 받을 수 있는 경제 플랫폼)의 대명사로 불리는 곳이다. 공유 운전 서비스는 하루 24시간 중 시간이 될 때 언제든지 일할 수 있고 일하는 양도 내가 마음대로 정할 수 있다는 장점이 있다. 일하게 된다면 1위 기업인 우버보다 다양성을 중요시하는 리프트가 더 마음에 들었다.

늦은 나이지만, 나는 '현장 아르바이트'라는 것을 해보고 싶었다. 미국에서 만난 친구들의 경우 대부분 10대에 패스트푸드 매장에서 아르바이트를 한 경험이 있었다. 그래서인지 이들은 나이가 어린데도 경제관념이 뚜렷하고 일을 대하는 태도가 남달랐다. 이들이 일찍이 경험했던 것을 이 나이에 나도 해보고 싶었다. 사회 초년생의 입장으로 돌아가 새로운 환경에서 일을 시작하면서 나의 성실성을 다시 제3자의 시선에서 평가받고, 일을 대하는 마음도 가다듬을 수 있겠다 싶었다. 서투름이 주는 겸손함도 기르고 싶었다.

여기까지 생각이 다다르자 나는 이미 트레이더 조의 크루가 된 것만 같은, 스타벅스의 바리스타가 된 것만 같은, 리프트의 운전사가 된 것만 같은 착각에 빠졌다. 몸 깊은 곳에서 에너지가 차오르는 것이 느껴졌다. 하지만 상상을 현실로 만들기까지는 생각보다 더 큰 용기가 필요했다.

트레이더 조의 크루가 되다

정리해고 3일 만에 첫 프로젝트인 트레이더 조 아르바이트를 위해 크루 멤버(매장 근무 시급제 직원)로 지원을 했다. 홈페이지에 들어갔더니 정말 우연히도 내가 살고 있는 지역, 그것도 내가 자주 가는 마운틴뷰 매장에서 크루를 채용한다는 공고가 떠 있었다. '마트에는 늘 인력이 필요하구나' 생각했는데 알고 보니 꽤 오랜만에 올라온 채용 공고였다고, 운이 좋았다는 말을 들었다. 나는 이곳에서 일할 운명이었던 것 같다!

하지만 이력서를 쓰면서는 끊임없이 의심할 수밖에 없었다. 내가 정말 할 수 있을까? 계산대에서 물품을 스캔하고, 장갑을 끼고 물건을 진열하고, 주차장에서 무거운 마트용 카트를 정리하는 내 모습이 낯설어 상상이 되지 않았다.

겉으로는 '아르바이트를 너무 해보고 싶어'라고 말했지만, 결국 아직 마음 한군데에서는 '구글 디렉터'라는 이름표를 떼지 못하고 있었다는 것을 깨달았다. 심리적 체면이랄까, 현재 상황을 심플하게 인정하고 나니 오히려 마음이 편해졌다.

기세를 몰아 온라인 지원서를 낸 다음 날, 이력서를 들고 매장에도 방문했다. 구글에서 디렉터까지 했다는 내 이력서를 보고 장난이라고 오해받지 않기 위해 얼굴 도장을 찍기로 했던 것이다. 그리고 일주일도 안 되어 채용 인터뷰가 잡혔다. 그제야 실감이 났다. '나, 진짜로 하는구나!'

그렇게 정리해고 통보를 받은 지 10일 만인 2023년 1월 31일 트레이더 조 크루로 채용되어 입사 오리엔테이션을 받았다. 시작이 어렵지, 발걸음을 떼고 나니 다음은 거칠 것이 없었다. 2월에는 공유 운전 서비스 리프트 운전사로 등록했다. 4월에는 스타벅스 바리스타 아르바이트도 시작했다. 회사 다닐 때는 금요일에만 가던 시니어센터 점심 배식 봉사는 시간이 될 때마다 자주 방문했고, 주 2회 검도 연습을 하고 있는 검도장에서는 초급자 클래스 사범으로 자원봉사도 시작했다.

아무 일을 하지 않으면 월 2,000달러(약 270만 원) 정도의 실업급여를 받을 수 있었지만, 아르바이트를 하면서 실업급여를 포기했다. 친한 친구는 아르바이트를 하면 실업급여를 받을 수 없으니 1년간 충분히 놀고 그 이후에 아르바이트를 시작하라고 조언해줬다. 그러나 내 생각은 달랐다. 하루라도 빨리 새로운 일에 도전해보고 싶었다. 지금은 실업급여보다 하루하루 쌓는 새로운 경험이 훨씬 중요하다고 느꼈다. 몸으로 배우는 경험과 인사이트는 돈을 주고도 사지 못하는 것이니까.

5

실리콘밸리 N잡 아르바이트생

구글을 그만둔 후 나는 내 전문 분야인 커뮤니케이션 분야에서 컨설팅하는 것 이외에 네 가지 아르바이트를 시작했다. 트레이더 조 크루, 스타벅스 바리스타, 리프트 운전사, 그리고 펫시터.

N잡러에게 일요일은 가장 바쁜 날이다. 새벽 3시에 일어나서 마운틴뷰 트레이더 조 매장으로 근무를 하러 간다. 오후 1시에 끝나면 바로 마운틴뷰 스타벅스로 향한다. 스타벅스 바리스타 일은 오후 8시경에 끝난다. 곧바로 펫시팅(반려동물 돌보기)을 하러 운전을 하고 팔로알토로 간다.

마운틴뷰에서 팔로알토로 향하면서 혹시 리프트 승객이 있을 수도 있으니 리프트 공유 운전 앱을 켠다. 다행히도 '띠링리링~' 하고 콜이 매칭되어 들어왔다. 혼자 운전하면 심심할 텐데 다행히 승객을 태울 수 있게 되었다. 가는 길에 승객을 픽업해서 목적지에 내려주고 계속해서 펫시팅을 하는 집으로 간다. 그곳에서는 1시간 정도 머문다. 30분 정도 먹이를 주고, 물을 갈고, 간식을 주고, 배변 박스를 청소한다. 그리고 남은 시간은 고양이와 놀아준다. 3살 고양이인데 이젠 제법 친해졌다. 집에 오는 길에 자동차 전기충전소에 들러 40분 정도 충전을 한다.

집에 오면 밤 10시다. 새벽 3시 30분에 집을 나서 10시에 돌아왔으니, 밖에서 꼬박 18~19시간을 있었다. 대부분이 서서 일하거나 말하는 시간이었다. 반복되는 움직임으로 팔꿈치 인대가 늘어나서 좀 아프고 손가락 마디마디가 욱신거리지만, 온종일 걸어도 견뎌주는 다리에 고맙고, 20킬로그램짜리 박스를 번쩍번쩍 들어도 잘 버텨주는 허리에 감사하다. 늦은 밤에 집에 와서도 컨설팅 업무하랴 신문 칼럼과 책 원고 쓰랴 잠자리에 늦게 드는 생활이 반복되었다. 그래도 탈 없이 잘 버텨주는 체력을 그동안 길러놓은 것이 다행이란 생각이 든다.

하고 싶었지만 하지 못한 일들

현재(이 글을 마무리하고 있는 2024년 3월)까지 내가 작성했던 하고 싶은 일 리스트에서 4개 프로젝트를 실행했다. 그 외 리스트에 있는 것 중 4개는 시도했지만 시작하지 못했다. 인앤아웃 버거에서 일하기, 바텐더 해보기, 도서관 사서(보조 사서라도) 해보기 그리고 아동 전문 서점에서 일해보기다. 모두 인터뷰에서 떨어졌다.

레스토랑 바텐더는 7군데 인터뷰를 봤는데 모두 처참히 떨어졌다. 바텐더 경험이 전혀 없어서일 수도 있고, 고객들과 끊임없이 이야기를 나눠야 하는 바텐더 일의 특성상 네이티브가 아닌 외국인을 고용하기 어려워서일 수도 있고, 그것도 아니면 내가 나이가 너무 많아서(혹은 많아 보여서)일 수도 있겠다는 생각을 했다.

미국 서부 여행 시 맛집투어 리스트에 꼭 들어가는 인앤아웃 버거 아르바이트도 인터뷰 고비를 못 넘겼다. 내가 지원한 마운틴뷰 지점에서는 크루 2명을 구하고 있었는데 40명이 넘게 지원했다고 한다. 패스트푸드점에서 일한 경험이 없기도 했지만, 내가 이미 하고 있는 아르바이트 때문에 일할 수 있는 시간대가 한정되어 있어 뽑히지 못한 것 같다. 그리고 시립 도서관의 보조 사서 아르바이트 인터뷰도 두 번 봤는데 모두 떨어졌다.

그리고 또 있다. 파머스마켓에 한국음식을 만들어 팔까 해서, 샘플을 만들고 사진도 찍고 'K-Food Stand'라고 상호까지 만들어서 지원서를 냈다. 5곳을 뽑는데 200개의 신청서가 들어왔다고 한다. 내가 직접 만든 팥소가 들어간 찐빵을 항상 맛있게 먹으면서 제발 팔아달라고 하는 친구의 말에 용기 내서 지원했는데 보기 좋게 떨어졌다. 그래도 떨어져본 것과 아무것도 시도를 안 해본 것은 천지차이다.

바텐더 면접 7번 본 사람, 나와보라 그랫!

24시간이 모자라

현재 하고 있는 아르바이트를 모두 해내려면 하루 24시간을 알뜰 살뜰하게 쪼개 써야 한다. 지금 트레이더 조에서는 매니저(메이트 라고 불리는)로 승진이 되어 주 45시간을 일하고, 스타벅스는 주 20시간 일한다. 리프트 운전은 시간이 날 때마다 매일 2시간 정도를 하고, 주중에 시간이 나면 더 하기도 한다. 펫시팅은 의뢰가 들어올 때마다 하루에 1시간씩 한다. 일하는 시간만 따지면 주 70시간에 서 최대 80시간으로 절대 적지 않다. 하지만 네 개 아르바이트의 성격이 다 달라서 힘들다는 생각이 별로 들지 않는다.

트레이더 조의 일은 보통 새벽 4시에 시작된다. 출근해서 영업 시간인 8시가 되기 전까지는 매장 오픈 준비를 하느라 정신이 없다. 매장에 진열될 제품을 트럭에서 내리고, 진열대에 쌓아야 하는데 이때는 트레이더 조의 모든 직원이 화장실 갈 시간도 없을 정도로 바쁘다.

오전 8시에 매장 영업이 시작되면 격 시간대로 계산대 업무를 맡는다. 즉 1시간은 계산대 업무, 그다음 시간은 제품 진열 업무 그리고 다시 계산대 업무, 이런 식으로 돌아간다. 고객의 물건을 계산하는 1~2분 동안 트레이더 조의 캐셔들은 고객들과 동네 친구처럼 이런저런 이야기를 나눈다. 소재는 다양하다. 오늘 날씨 이야기, 구입하는 야채와 생선을 맛있게 요리하는 법, 아이들 학교 이야기, 주말에 다녀온 캠핑 이야기…. 트레이더 조에서 근무한 지 한 달 정도 되자 내 단골 고객들이 생겼다. 그들은 내가 일하는 시간에 맞춰 장을 보러 온다. 내 이름을 크게 부르며 반갑게 인사하고는 한 주 동안 있었던 일을 얘기하고, 어떤 제품이 새로 들어왔는지도 물어본다.

트레이더 조의 1시간 중간 휴식 시간과 트레이더 조와 스타벅스 근무 사이에 비는 시간에는 리프트 운전을 한다. 트레이더 조에서 8~9시간 일하면 2만 보 가까이 걷게 된다. 이때 다리도 쉬고 피로도 풀 겸, 틈틈이 리프트 운전을 하는 것이다. 리프트 운전은 익숙해지고 나면 일하는 느낌이 없다. 트레이더 조나 스타벅스처럼 서서 하는 일과 리프트 운전은 정말 환상적인 조합이다.

트레이더 조에서 일하다 보면 냉동·냉장 제품을 자주 만져서 손끝이 시려운데, 운전을 하면서 핸들에 온열 기능을 켜면 마사지 받는 느낌마저 든다(그래서 내 차의 '손따' 기능은 언제나 최고 온도로 설정되어 있다. 30도가 넘는 한여름에도!).

스타벅스의 일은 트레이더 조와 180도 다르다. 고객과의 친밀함보다 신속·정확을 요하는 일이기 때문이다. 아침 출근 시간, 오후 점심시간 직후 그리고 아이들이 학교를 파하는 시간에 스타벅스는 그야말로 전쟁터로 변한다. 몇초 단위로 커피와 음료를 만들어내는 바리스타들의 손놀림은 눈에 보이지 않을 만큼 빠르다. 이때는 정말 긴장감이 흐른다. 한국에서 많이 먹는 아이스 아메리카노나 라떼처럼 단순한 음료수 주문은 별로 없다. 모두 다 자신이 원하는 음료를 맞춤 주문한다. 주문서 프린터에서 쉴 새 없이 쏟아져 나오는 음료 주문 스티커를 하나하나 재빨리 보면서 음료를 정확히 만들어내야 한다. 알레르기 등에 민감할 수 있기 때문에 일반 우유 대신 아몬드 우유가 들어간 라떼를 만들어야 할 때 실수가 있어서는 안 된다.

나는 오전에는 트레이더 조에서 근무하기 때문에 스타벅스는 오후와 마감 근무를 맡는다. 마감 근무란 오후 일을 마친 다음 문을 닫고, 매장 정리를 마치고 다음 날 준비까지 하는 것을 말한다. 마감 근무를 하는 직원은 다음 날 매장을 여는 팀이 빠르게 일을 시작할 수 있도록 재료 준비, 커피바 청소, 매장 청소, 창고 정리, 샌드위치와 같은 신선식품에 날짜 기입 등을 완벽하게 해놓아야 한다.

스타벅스에서는 수요일부터 일요일까지 오후에 일한다. 내가 일하는 스타벅스 매장은 단골손님이 꽤 많은 편이다. 그래서 바쁜 아침 직장인 러시가 끝나면 동네 주민들이 커피를 마시러 나온다. 익숙한 얼굴들과 주문서들이 반복된다. 석 달 정도 일하다 보니, 매번 보는 사람들의 이름과 그들이 주문하는 음료수를 외울 수 있었다.

존이란 친구는 매일 네 번 정도 오는데, 늘 벤티(큰 용량) 사이즈로 핫 라떼를 시킨다. 마이크는 점심 식사 직후 뜨거운 차를 한 잔 마신 후, 오후 내내 네 번 정도 리필하러 매장에 들른다. 알버트는 늘 내 이름을 크게 부르면서 매장에 들어선다. 무려 설탕 7개를 넣은 블랙커피를 시키고 한쪽 구석에 앉아 쉬었다 간다. 근처에서 일을 하는데, 스타벅스에 들러서 앉아 있는 시간이 유일하게 천국이라고 하는 고객이다.

바쁨이 주는 선물

트레이더 조든, 리프트든, 스타벅스든, 펫시팅이든 아르바이트는 나를 바쁘게 만들어서 좋다. 그리고 내가 사는 동안 경험하지 못했던 일을 해볼 기회가 생겨서, 내가 만나보지 못했던 사람들과 우정을 나눌 수 있어서 좋다. 트레이더 조 크루 동료 중에는 동네 사람들의 카운슬러 역할을 하는 70대 할머니도 있고, 음식에 조예가 깊은 앞니 빠진 60대 아저씨도 있다. 짬짬이 대학교에서 치위생을 배우고 있는 친구도 있고, 20년간 대학교에서 외국인 학생 입학 담당자로 일해서 한국말로 인사할 줄 아는 친구도 있다. 취업을 준비하는 젊은 친구들도 많아서, 내가 구글에서 일했다는 것을 알고 이력서 쓰는 걸 도와달라는 요청을 해온 적도 있다. 이들의 꿈과 도전 이야기를 들으며 더 끈끈한 동료가 되기도 했다. 아침저녁으로 만나고 헤어질 때 하는 주먹 인사도 이젠 제법 익숙해졌다.

정리해고 후 빈 시간을 스스로 '갭이어'라고 정의하고, 개인 프로젝트를 진행하지 않았다면, 조급해하지 않으면서 자신감 있고 여유롭게 이 시간을 버텨낼 수 있었을까? 슈퍼마켓 캐셔로, 바리스타로, 운전사로, 고양이 집사로, 컨설턴트 등으로 24시간을 쪼개 사는 갭이어를 보내면서 나는 '구글러 로이스'가 아닌 '본연의 로이스'로 거듭나고 있었다.

layoff 되었지만, 정말 내 마음은 playoff에
진출한 기분이었다. 지금까지 열심히 한 대가로
부여받은 결승 진출권, 플레이오프!
그날부터였다. 강제적으로 주어진 많은 시간을
'제대로' 활용해보자고 다짐한 것은.
인생의 꼭짓점에서 내려오는 것이 아니라.
인생 곡선을 아예 새로 하나 더 그리는 거다!'
그렇게 생각하고 나니 두근두근,
마음이 설레기 시작했다.

슬픔의 5단계 극복하기

함께 일했던 구글 커뮤니케이션 부사장은 "날 절대 놀라게 하지 말라. 미리미리 얘기해달라. 좋은 소식이건 나쁜 소식이건!"이라 고 늘 말했었다. 모든 종류의 서프라이즈가 정말 싫다고 했다. 생 일파티처럼 즐거운 서프라이즈도 있지만, 우리 인생의 서프라이 즈는 대부분 '당황스러움'을 동반한다.

　업무나 개인 일상에서의 서프라이즈와 비교할 수 없을 정도로 큰 사건이 내 인생에서 일어난다면? 전혀 생각지도 못했던 일이, 계획하지 못했던 시기에, 예상치 못한 방법으로 일어난다면 우리 몸은 어떻게 반응할까?

커다란 슬픔이나 충격을 받아들이는 순서가 있다고 한다. '부정 → 분노 → 타협 → 우울 → 수용'이 그것이다. 나도 그랬다. 처음 엔 부정(내가 설마!), 다음은 분노(왜 나야?), 다음은 타협(어쩔 수 없네. 운이 좋지 않았네) 그리고 우울(그런데 기분이 좋지 않아) 마지막은 수용(그래, 움직일 때도 됐지) 하는 단계를 거쳐 정리해고를 받아들 였다.

이 다섯 단계가 꼭 순서대로 오지 않을 수도 있고, 오랜 기간에 걸쳐 천천히 경험하게 될 수도 있다. 중요한 것은 슬픔을 어떻게 가능한 빨리 극복하고 치고 올라갈 수 있는가다. 매사에 속전속결 인 나는 며칠 만에 다섯 단계를 모두 거쳤다. 주말을 보내고 순식 간에 그 큰 충격에서 벗어난 것이다.

나도 그렇게 빨리 극복하리라고는 생각을 못 했다. 물론 지금도 '왜 나야!' 하는 분노와 배신감이 불쑥불쑥 올라오기는 하지만 그 건 일시적이다. 그 충격에서 벗어난 것을 넘어, 내가 계획하지 않 은 강요된 변화를 즐기며 잘 누리고 있다. 피할 수 없는 걸 억지로 안고 사는 것이 아니라 적극적으로, 또 발전적으로 활용하면서 변 화를 만끽하고 있다.

그렇다면 나는 어떻게 큰 충격에서 빨리 벗어날 수 있었을까? 아니, 벗어나는 것에서 멈추지 않고 충격을 기회로 전환할 수 있 었을까?

첫째, 회복탄력성이다

회복력. 바닥에 떨어져도 바로 치고 올라올 수 있는 능력이다. 고무줄은 쭉 늘렸다가 놓으면 금방 원래대로 돌아온다. 사람에게도 이런 능력이 있다. 하지만 완전히 바닥으로 곤두박질치면 벗어나기란 쉽지 않다. 그래서 나는 생활의 루틴을 만들라고 권하고 싶다. 나의 하루, 나 자신을 정의하는 루틴을 만들어 그냥, 계속하는 것이다.

나의 루틴은 회사를 그만두기 전이나 후가 동일했다. 회사에 다닐 때는 아침 6시에 일어나서 조깅을 하며 영어 오디오북을 듣고, 주 3회 수영을 하고, 주 2회 검도를 하고, 매일 1시간씩 선생님과 영어 공부를 하고, 주 1회 영어 발표 모임에 나가고, 월 1회 영어 에세이를 써서 블로그에 올린다. 주 1~2회 시니어센터에서 배식 봉사를 한다. (나열하니 꽤 많다. 루틴이 내 삶을 지배하고 있다는 걸 다시 한 번 느낀다.)

이 루틴은 정리해고된 바로 다음 날에도 동일하게 실행됐다. 출근하지 않으니 일찍 일어날 필요가 없었는데도 말이다. 매일, 매주, 매달 루틴을 지키려면 기분이 다운될 시간이 없었다.

큰 변화가 있을 때 조용히 쉬면서 마음을 가다듬는 것도 좋지만 나만의 루틴이 있다면 그것을 크게 깨지 않는 범위 안에서 하는 게 좋다. 어차피 큰 충격은 단기간에 해결되지 않는다. '침잠기를 가졌다가 회복된 후에 다음 단계를 밟아야지'라고 생각한다면 영원히 우울감에 잠겨버릴 수도 있다.

둘째, 시간 관리다

출근을 하지 않더라도 아침 기상 시간은 일정하게 유지하길 권한다. 늦게 일어나면 계획했던 일이 어그러지기 마련이고, 귀찮다는 핑계로 그냥 그런 하루를 보내고 나면 저녁에 침대에 누워 이런 생각을 하게 된다.

'하루가 이렇게 가버렸네. 시간이 너무 아깝다!'

그렇게 자신에게 실망하고, 의욕을 잃고, 또 다시 늘어지는 악순환에 들어간다. 이 악순환의 고리를 끊는 첫걸음이 바로 '규칙적인 아침 기상 시간'이다.

그리고 직장에 다닐 때처럼 시간 계획을 세우고 지키자. 회의, 업무 처리, 보고 등 하루 일정을 기록했던 다이어리를 계속 사용하길 권한다. 운동, 식사, 청소, 명상, 독서, 공부, 봉사 같은 일상적인 일이라도 언제 할 것인지 계획하고, 그것을 지키며 하루를 보내야 한다. 시간을 의식하지 않으면 하루는 순식간에 흘러가버리기 때문이다.

셋째, 사람들을 지속적으로 만나는 것이다

네트워킹은 언제나 중요하지만 이런 때 더 중요하다. 물론 다른 사람들에게 자신의 변화를 얘기할지, 말지는 선택이다. 다만 나의 경우 이야기하고 나자 감정적으로 훨씬 나아지는 것을 느낄 수 있었다.

내 상황을 솔직히 드러냈을 때 얻을 수 있는 또 하나의 이점이 있다. '도움의 손길'이다. 나는 정리해고 사실을 알리는 동시에 내가 새 일을 찾고 있다는 점을 알렸다. 그 결과 주변에서 적극적으로 일자리를 추천받을 수 있었다. 고용의 80%는 네트워킹으로 이루어진다고 한다. 과정과 절차를 철두철미하게 지킬 것 같은 이미지의 실리콘밸리에서도 '채용 공고는 단지 절차일 뿐'이라고 말하는 기업들이 생각보다 많다.

그리고 사람들을 만나 이런저런 조언을 듣고, 또 나 자신에 대해 얘기하다 보면 생각도 정리되고 자신감도 생긴다. 사람과의 만남을 피하고 혼자 웅크리고 있을수록 자격지심은 커진다. 나는 자신감이 없을 때 자신감 있는 것처럼 행동하면 진짜 자신감이 생긴다는 걸 경험으로 깨달았다. 그래서 늘 후배들에게도 "쑥스러워서 못 할 것 같으면 가장 먼저 하라"고 한다. 무슨 발표를 해야 하거나, 큰 회의장에서 손들고 말해야 할 때 기다리지 않고, 가장 먼저 나서는 이유다. 먼저 하면 비교 대상이 없으니 덜 떨린다. 이런 행동이 반복되면 결국 먼저 손을 들 수 있는 자신감이 생긴다.

넷째, 위기를 기회로 보았다

나는 거대한 슬픔에서 나오는 에너지를 역으로 활용할 수 있는 방법을 생각했다. 잠시 숨을 고르며 지금 내가 할 수 있는 일이 있지 않을까 떠올려보는 것이다. 계획한 대로 인생이 흘러가지 않을 때, 화내기보다 그 속에서 기회를 찾아보자. 뜻밖의 경험을 할 수 있고 생각의 폭이 넓어질 수 있다.

'나만의 프로젝트'를 시작하며 이 점을 더 여실히 깨달았다. 만약 나와 같은 상황에 놓여 있다면, 꼭 한번 도전해보고 싶었지만 매일 출퇴근 때문에 감히 시도하지 못했던 일이 있을 것이다. 바로 그것을 시도하면 실직 기간을 알차게 보낼 수 있다. 봉사 활동을 더 해도 좋고, 평소 배우고 싶었던 것을 시작해도 좋다. 바쁘게 지내면 마음의 조급함이 사라지고, 긍정적인 에너지를 채울 수 있다. 또 일과 관련된 활동을 한다면 다음 직장을 구할 때 도움이 되는 유용한 포트폴리오도 얻을 수 있다.

무엇보다, '이 정도 일로 내 인생이 망할까 봐?'라는 배짱 두둑한 긍정적인 생각. 이것이 우리의 멘탈을 강하게 하고 슬픔에서 벗어나게 해줄 것이다. 내 인생은 내가 주도한다, 인생에서는 내가 '갑'이다!

PART 2

회사가 시키는
일이 아닌
나만의 프로젝트
시작하기

"20년 뒤 당신은 한 일보다 하지 않은 일 때문에 더 후회할 것이다. 그러니 지금 당장 돛줄을 풀어라. 안전한 항구를 떠나 항해하라. 돛에 바람을 싣고 나아가라. 탐험하라. 꿈을 꿔라. 발견하라!"

내가 참 좋아하는 미국 작가 마크 트웨인의 말이다. 비록 타의에 의한 것이었지만 나는 안전한 항구를 떠났다. 하지만 배가 나아가는 방향은 내가 스스로 선택했다. 항해는 좌충우돌이었지만 늘 신이 났다. 진짜 해볼 수 있으리라고 생각지 못한 일들에 도전하는 시간이 더없이 소중했다.

1

어디서나 통하는
면접 합격 비결

트레이더 조에서 캐셔로 일하고 있는데 어떤 백인 여성이 계산을 마친 후 내 쪽으로 몸을 기울여 물었다. "여기 인터뷰 어떻게 봤어요? 어렵지 않았어요?" 그러고는 살짝 망설이는 듯하더니 덧붙인다. "나는 19번 떨어졌어요. 합격한 비결 좀 알려줄 수 있어요?"

그 후로도 비슷한 질문을 네댓 번은 받았다. 속으로 '트레이더 조 면접이 좀 까다롭긴 했지' 하고 생각했다. 트레이더 조 아르바이트 면접은 근무시간과 과거 경험 유무만을 체크하는 일반 아르바이트 면접과는 많이 다르고 질문도 좀 어려웠다. 그러니 보통의 아르바이트 면접이라고 가볍게 생각하고 준비한 사람들에게는 정말 까다로운 면접일 수도 있겠다 싶었다. 구글이나 애플 면접에 버금갔다고 해도 절대 과언이 아니었다.

면접은 '메이트'라고 불리는 중간 매니저 두 명이 함께 1차를 보고, 통과한 사람은 스토어 매니저와 2차를 본다. 1차와 2차 면접은 각각 1시간 정도 걸린다.

참고로 보통 트레이더 조 매장 하나에는 130~150명 정도의 크루 멤버가 있고, 7~8명의 메이트(매니저)가 있다. 그리고 맨 위에는 '캡틴'이라고 부르는 스토어 매니저가 있다. 메이트나 스토어 매니저가 되기 위해서는 크루 멤버 단계를 꼭 거쳐야 한다. 내가 일하는 마운틴뷰 스토어 매니저는 크루 멤버로 20년 이상 일했던 사람이다.

면접 분위기는 캐주얼한데 질문은 어떨까?

나의 트레이더 조 인터뷰 시간은 일요일 오후 1시였다. 조금 일찍 가서 평소처럼 트레이더 조에서 장을 봤다. 채소 몇 개랑 얼마 전에 새로 나온 핸드크림을 샀다. 계산대에서 내가 산 핸드크림을 보더니, 캐셔가 "아, 이거 정말 좋아. 나도 써봤는데 감촉이 참 좋더라고" 하며 말을 걸어왔다. 나도 그에게 "맞아, 나도 이 핸드크림 좋아해. 이번이 세 번째로 사는 거야!"라고 맞장구쳤다.

계산을 마치고 '브릿지룸'이라고 불리는 고객센터에 들러 크루

면접을 보러왔다고 말하니 한 메이트가 나를 인터뷰 장소로 데리고 갔다. 매장 옆 주차장 한쪽 구석에 있는 시원한 나무 그늘이 인터뷰 장소였다. 주변에 있던 플라스틱 우유 상자를 세 개 가지고 오더니 그 위에 편하게 앉으란다. 그렇게 나와 메이트 둘이서 자리를 잡고 앉아 있는데, 또 다른 메이트가 늦었다면서 미안하다고 달려온다.

방금 내가 장을 봤을 때 계산했던 그 직원이다. 트레이더 조는 메이트도 캐셔를 하기 때문에 우연히 나의 면접관이 내 계산을 해주었던 것이다. 이렇게 1차 면접관인 매니저 2명이 나와 마주보고 앉았다. 손에는 질문 리스트가 적힌 종이와 내 이력서를 들고. 면접 분위기가 참 격 없고 캐주얼하다는 생각이 들었다. 그렇다고 면접 질문도 캐주얼할 것이라고 쉽게 생각하면 오산이다.

첫 번째 질문.

"트레이더 조에서 가장 좋아하는 제품은?"

애플에서 하는 질문과 동일하다. 이 질문은 면접자가 이 회사에 대해 추상적으로 알고 있는 것이 아닌, 진짜 관심을 가지고 좋아하는가를 알아보기 위한 것이다. 그 회사 제품을 좋아하지 않으면서 진심으로 일하기는 어렵다.

나는 가장 좋아하는 트레이더 조 제품을 '핸드크림'이라고 답했다. 그러면서 방금 계산을 해주었던 메이트에게 "나도 그 핸드크림을 좋아했는데, 너도 좋다고 해서 사길 잘했구나 생각했어. 트레이더 조에서는 고객과 직원들이 격 없이 대화를 나누는 게 참 좋아. 너처럼 친절하고 진솔한 크루들과의 대화가 너무 좋아서 이 매장의 단골이 되었고, 또 너처럼 고객들과 진정으로 소통할 수 있는 크루가 되고 싶어서 아르바이트를 지원하게 되었어"라고 말했다. 이 말에 면접 분위기가 한층 밝아졌다. 물론 내가 의도를 가지고 칭찬을 한 것은 아니지만 말이다.

두 번째 질문.
"같은 일을 반복하면서
스스로 어떻게 동기부여할 것인가?"

정말 중요한 질문이다. 크루들이 겪을 수 있는 반복에서 오는 지루함, 동기 저하, 타성에 젖어서 일하는 것. 이런 걸 어떻게 극복할 수 있는가를 묻는 거다. 물론 정답이 있는 건 아니지만, 내 대답은 이랬다.

"나는 트레이더 조 일을 세 가지로 보고 있어. 첫째는 맡은 업무고, 둘째는 업무를 함께하는 동료야. 그리고 셋째는 고객이지. 업무는 매일 같을 수 있지만 함께 일하는 동료와의 관계는 다이내믹

하고, 고객 역시 매일 다를 거야. 특히 내가 제공하는 서비스에 대해 고객들이 만족하는지 바로바로 확인할 수 있는 건 충분히 동기 부여가 되는 일이라고 생각해.

　나는 오랫동안 사무실에서 주로 근무했는데, 회사가 제공하는 제품이나 서비스를 사용하는 고객과 너무 멀리 떨어져 있어 늘 아쉬움을 느꼈어. 그래서 트레이더 조처럼 고객 접점에서 나 자신이 제품이 되고, 서비스가 되고, 그들이 만족하는 걸 눈앞에서 볼 수 있는 일터가 그리웠지. 그리고 업무는 동일한 일의 반복이겠지만, 더 잘할 수 있는 방법이 없는지 찾아보고 적극적으로 의견을 내려고 해."

　그러면서 내가 그동안 매장에서 느꼈던 개선점을 이야기했다.

　"X제품 옆에 Y제품을 진열할 때 고객의 라이프스타일을 좀 더 고려하면 어떨까? 예를 들면, 맥주 매대 사이사이에 지금은 초콜릿과 캔디가 걸려 있잖아. 거기에는 작은 땅콩이나 육포 같은 것을 놓는 게 더 어울리지 않을까?"

　내 말을 들은 두 메이트는 미처 생각하지 못했다며 좋은 의견이라고 말해주었다.

"왜 트레이더 조에서 일하고 싶은가?"

'회사에서 성공적으로 커리어를 쌓아왔는데, 왜 트레이더 조에서
일하고 싶은가? 회사에서 사무직으로 근무하다가 몸 쓰는 일을
즐겁게 할 수 있겠는가? 또 이곳에서 함께 일하게 될 동료들은 구
글에서 만나왔던 이들과 다를 것이다. 어렵지 않겠는가?' 하는 질
문도 받았다. 이건 아마 내가 특별한 상황이라 받은 질문 같다.

"정리해고 통보를 받고서 30년간 회사 다니면서 못 해봤던 일,
그러나 가장 하고 싶었던 일들을 적어봤는데, 트레이더 조가 내
리스트 맨 위에 있었어. 난 미국에 살면서 트레이더 조 매장을 매
주 한 번 이상 이용하고 있어. 사람을 못 만나던 팬데믹 기간에는
순전히 이곳의 크루들과 얘기하기 위해 하루는 감자, 하루는 양
파, 하루는 바나나만 사간 적도 있지. 난 트레이더 조 크루들의 친
절함과 사람 냄새가 참 좋아. 그러다 보니 자연스럽게 이곳의 일
부가 되면 어떤 기분일까 상상해보게 됐어.

다른 곳에서 쇼핑할 때는 그런 마음이 들지 않는데 왜 이곳에서
만 감동을 느끼는지 그 비결이 궁금했고 배우고 싶었어. 그리고
평생 큰 회사에서 사무직으로 일했다고 해서 내가 크루 멤버로 일
하는 것을 어려워할 것이라고 생각한다면 선입견이야. 한두 달 해

보고 나서 그만둘 생각은 없어. 정말 다른 일을 하고 싶었기 때문에 난 이 일에 도전하는 거야. 이곳에서 만날 동료는 다를 거라고 말했지? 바로 그 점이 내가 이 일을 택한 이유야. 지금까지 살면서 깨달은 점 중 하나는 어떤 사람에게든 배울 점이 있다는 거야. 트레이더 조 크루 멤버는 정말 다양하잖아. 연령도, 사는 환경도 이렇게 다양한 사람들과 밀접하게 일할 수 있는 곳이 얼마나 될까?"

두 메이트는 나의 대답에 아주 흡족한 표정을 지었다.

네 번째 질문.
"주변 사람들에게 굳이 안 해도 될 일을 해서 감동을 준 적이 있는가?"

사전조사를 해보니 이 질문은 트레이더 조 면접에서 빠지지 않는다고 했다. 트레이더 조를 이용하다 보면 친절 이상의 감동을 느낄 때가 많다. 이 질문은 아르바이트 직원 그 이상으로 일을 즐겁게 할 수 있는지 알아보기 위한 의도가 숨어 있다.

"나는 정말 아무렇지도 않게 하는 일들이 있어. 사무실 복도를 걷다가 휴지가 떨어져 있으면 그냥 내가 줍고, 사무실 휴게실 싱크대가 더럽혀져 있으면 청소 직원이 하겠지라고 생각하지 않고 내가 닦아. 그냥 내가 할 수 있는 일이라고 해서 하는데, 그런 일에 동료나 친구들은 감동하더라고. 룸메이트랑 살고 있는데 청소와 쓰레기통 비우는 일은 내가 먼저 해. 뭘 바라고 하지는 않아. 그냥 할 수 있는 사람이 하는 거지 뭐. 근데 네 질문의 답으로는 너무 하찮은 것일지 모르겠다."

스스로 칭찬하는 것도 좀 멋쩍고 해서 간략하게 답했더니 면접 메이트들은 고개를 끄덕이며 너무 좋다고 했다.

다섯 번째 질문.

"이럴 땐 어떻게 했는가?"

네 번째 이후 질문은 행동 특성 질문이었다. 행동 특성 질문은 보통 "이럴 때는 어떻게 했는가?" 하고 묻는다. 이전에 겪었던 일을 구체적으로 얘기하면서 그 문제를 실제적으로 어떻게 처리했는가를 보는 것이다. 질문에 대답을 하면 꼬리 질문들이 이어진다.

본인 스타일과는 전혀 다른 사람과 동료로 일해야 했던 때에 대해서 얘기해달라, 고객이나 동료의 기대를 만족시키지 못했던 때에 대해서 말해달라, 어려운 고객을 대한 적이 있는가? 어떻게 해결했는가? 매니저 혹은 동료들과 의견이 다를 때 어떻게 해결했는지 구체적인 사례를 들어달라 등등이다.

이런 질문들은 구글, 애플 등 회사 면접에서 공통적으로 나오는 질문 형태다. 트레이더 조에서 아르바이트생을 뽑을 때 이런 질문을 던지는 이유는 단순한 업무 처리 이상의 문제 해결 능력을 갖춘 직원을 뽑기 위해서다. 사실 시급 직원들을 뽑으면서 이런 행동 특성 질문까지 하는 것을 보고는 속으로 적잖이 놀랐다.

다행히 이런 행동 특성 질문들은 내가 회사에서 직원을 채용할 때 늘 하던 것과 비슷해서 대답이 술술 나왔다. 두 명의 메이트는 모든 질문에 이렇게 쉽게 또 진솔하게 답하는 사람은 처음 봤다며 감탄했다. 1시간이 훌쩍 지나가버리고 면접은 종료되었다. 그런데 면접을 본 메이트 한 명이 "로이스, 시간 괜찮으면 그냥 오늘 2차 면접까지 보면 어때? 내가 스토어 매니저를 불러올게!"라고 말하면서 뛰어나갔다.

내색하진 않았지만 놀랐다. 2차 면접은 1차 면접이 끝난 후 일주일 정도 이후에 스케줄이 정해진다고 들었기 때문이다. 나중에 알게 되었지만 이렇게 1, 2차 면접이 연달아 진행된 건 처음이라고 했다.

5분 정도 기다리니 스토어 매니저가 왔다. 1대 1 면접인 줄 알았는데, 두 메이트도 함께 참여하는 3대 1 면접이었다. 사실 스토어 매니저가 하는 질문도 이전 질문과 비슷해서 대답하는 게 그리 어렵진 않았다. 다만 한 가지 질문에는 당황했다. "인생에서 가장 후회한 일이 무엇인가?" 하는 질문이었다.

내가 인생에서 가장 후회한 건 미국에 너무 늦게 온 것이라고 답했다. 이 생각을 늘 했기에 솔직한 답변이 나온 것 같다. 영어를 더 잘하고 싶었는데, 미국에 너무 늦게 오는 바람에 실력이 빨리 늘지 않는 것 같다며 영어 공부에 대한 한을 토로했다. 다들 그 정도면 됐지, 하면서 놀라는 표정이다.

두 시간에 걸쳐 1, 2차 면접을 보고 집에 왔다. 2~3일 내에 연락을 준다고 했는데, 그날 오후에 바로 연락이 왔고 언제 일을 시작할 수 있는지 물었다. 그리고 바로 그 주부터 일을 시작하기로 했다. 그렇게 첫 번째 일자리를 얻었고 '트레이더 조 크루 되기'라는 첫 번째 목표도 달성했다.

면접에 성공하는 법칙은 어디서나 동일하다. 그 회사를 정말 잘 알고 좋아해야 한다. 마음만으로는 안 되고 눈으로 확인하고, 제품이나 서비스를 체험해봐야 한다. 회사 홈페이지나 매장에 들러 꼼꼼히 사전조사를 하는 것은 필수다. 트레이더 조도 인터뷰하기 직전에 먼저 매장을 둘러보고 장을 본 것이 큰 도움이 되었다.

그리고 솔직하게 답하는 것이 중요하다. 면접은 본인을 보여주는 자리다. 준비한 답을 잘하는 것도 좋지만 나만의 개성과 장점을 드러내야 한다. 마지막으로 회사에 대한 애정을 바탕으로 한 조언을 준비하면 좋다. 면접의 마지막에는 보통 궁금한 점에 대해 질문할 시간이 주어진다. 이때 개선하면 좋을 점을 이야기하고 내가 할 수 있는 역할을 어필하면 긍정적인 인상을 남길 수 있다.

트레이더 조의 면접은 까다로웠지만 한편으로는 기대감도 불러일으켰다. 이렇게 깐깐한 면접을 통과해 일하고 있는 사람들은 어떤 이들일지 궁금해졌고, 앞으로 이곳에서 내가 할 일이 어떤 긍정적인 반응을 가져올지 기대됐다.

첫 번째 일자리가 정해지고, 나는 바로 다음 일자리 구하기에 돌입했다.

2

다음 날이 기대되는 일들을 시작했다

시애틀 1호점을 시작으로 전 세계에 3만 5,000여 개의 매장을 가지고 있는 스타벅스. 스타벅스는 '한 잔의 커피, 오고가는 대화, 이웃 간 무한한 연결을 추구한다'라는 회사 미션처럼 한 잔의 음료를 넘어 사람과 사람을 연결하는 역할을 하고 있다.

이렇게 스타벅스가 지향하는 것은 '커피를 매개로 사람들과의 연결점을 만드는 곳'이 되는 거다. 세상에서 가장 좋은 커피를 제공하는 것을 포함해 모든 걸 휴머니티(인간애)의 렌즈로 바라보겠다는 것이다. 기업에서 커뮤니케이션과 마케팅을 담당해왔던 내가 늘 서비스 기업의 좋은 사례로 이야기되는 스타벅스에서 일해보고 싶다는 생각을 한 건 어쩌면 당연했다.

스타벅스 지원서, 이건 날 위한 질문인데?

스타벅스 홈페이지에서 'careers(채용)' 메뉴를 누르면 현재 구인을 하는 매장과 포지셔닝이 나온다. 내가 원하는 매장에서 사람을 구하고 있으면 첨부된 온라인 지원서를 작성하면 된다. 온라인 지원서는 한 장짜리로 비교적 간단했다. 기본 인적 정보, 학력, 경력과 함께 몇 가지 질문이 적혀 있었다. 특이한 것은 학력 란에 출신 고등학교를 적는다는 점이었다. 아마 직원 중에 대학생들이 많아서 그런 것 같았다. 난생 처음으로 이력서에 고등학교 이름을 적는 기분이 묘했다. 주관식 질문은 다음과 같았다.

- Have you ever visited a Starbucks Coffee location? Describe your experience. (스타벅스 매장을 방문해봤나요? 스타벅스 방문 경험이 어땠는지 적어주세요.)
- Why would you like to work for Starbucks Coffee Company? (스타벅스에서 일하고 싶은 이유는 무엇인가요?)
- Describe a specific situation where you have provided excellent customer service in your most recent position. Why was this

effective? (최근 근무지에서 뛰어난 고객서비스를 제공한 사례가 있다면 알려주세요. 그 경험이 스타벅스에서 일하는 것과 어떤 연관이 있을까요?)

세 번째 질문이 좋았다. 나는 트레이더 조에서 일하며 '기대한 것 이상으로' 고객서비스를 하면서 느끼는 즐거움에 대해 적었다. 마침 최근에 좋은 경험이 있어 자세히 적었다. 80세 고객과 있었던 일인데, 거동이 쉽지 않아 물건을 찾기 힘들어하시기에 쇼핑목록을 보며 매장 안을 구석구석 돌며 함께 장을 봐드렸던 적이 있다. 그렇게 고객에게 서비스를 제공하며 교감하는 것이 나에게 얼마나 큰 에너지와 행복감을 주는지도 적었다. 그리고 이렇게 덧붙였다.

"스타벅스는 커피만을 파는 게 아니라 커피 그 이상의 가치를 주려고 하니, 고객과 교감을 즐기는 저의 능력은 스타벅스 매장에서 일할 때도 도움이 될 것입니다. 바리스타는 커피만 만드는 사람이 아니라 커피 한 잔을 통해 사람과의 관계를 만드는 일선에 있는 사람이니까요."

원서를 내고 2주 정도 지났을까? 집 근처 마운틴뷰 스토어 매니저에게서 전화가 왔다. 그는 조심스럽게 "혹시 원서를 잘못 낸 거 아닌가요? 본사 직원 채용과 매장 바리스타 채용을 헷갈린 거 아니죠?"라고 물었다. 나는 바로 아니라고 답했다. 그러면서 속으로 '내가 지금 다른 사람이 상상하지도, 시도하지도 못한 일을 하고 있는 거구나! 짜릿한 걸?'이라고 생각했다.

신원 조회까지 하다니!

스토어 매니저와 인터뷰가 잡혔다. 주변 사람 얘기를 미리 들어보니, 열에 여덟 정도는 떨어진다고 한다. 바짝 긴장하고 인터넷에 '스타벅스 바리스타 인터뷰'라고 검색하니 이런저런 팁들이 돌아다닌다. 스토어마다 너무 다르다는 말과 함께.

내가 지원한 매장의 스토어 매니저는 히스패닉계 여성으로 20대 초반에 바리스타로 시작했다고 한다. 스타벅스에서 18년 일했고, 지금은 스토어 두 개를 맡으며, 성실하게 열심히 일해서 지금의 자리에 왔다는 자부심이 대단했다. 채용 인터뷰는 1시간가량 진행되었는데, 듣던 대로 구글 면접만큼이나 까다로웠다. 바리스타가 되는 것도 쉽지 않구나! 싶었다.

하지만 미리 준비도 했고, 부담감을 던 채로 편안하게 대화를 나누다 보니 면접 시간 50분이 금방 지나갔다. 스토어 매니저가 "로이스, 너는 사람들과 팀으로 일해본 경험이 아주 풍부하니 네가 들어오면 우리 바리스타들이 좀 안정될 것 같다" 등등 긍정적인 뉘앙스의 말을 하기에 그 자리에서 바로 합격 통보를 받을 수 있을 줄 알았다. 그런데 예상과는 달리 여섯 명의 다른 지원자들과 인터뷰를 모두 마치고 합격 여부를 알려주겠다고 했다.

스타벅스 지원자 대부분이 빠릿빠릿한 젊은 친구들일 텐데, 과연 나를 뽑을까? 내가 나이가 너무 많아 다른 파트너들과 융화되기 어렵겠다고 판단하면 어쩌지? 또는 내 회사 경력을 보고 재미삼아 바리스타에 지원하는 것으로 오해하면 어쩌지? 하는 걱정이 들었다. 다행히도 일주일 뒤에 합격 연락을 받았다. 와, 이렇게 기분 좋을 수가! 조금 오버해서 구글 입사 통보받았을 때만큼 좋았다.

그런데, 다음 단계가 있었다. 어마어마한 서류 작업! 무려 20단계가 넘었다. 첫 출근 준비에 대한 안내, 급여 통장 등록 등 모든 절차는 온라인으로 작성할 수 있었다. 처리 과정을 한눈에 볼 수 있도록 진행이 완료된 것은 바로바로 업데이트 표시가 되었다. 전 세계 40만 명의 파트너들을 효율적으로 관리하려면 이 정도 시스템을 갖춰야 하는구나, 절로 고개가 끄덕여질 정도였다. 마지막 단계는 '신원 조회'였다. 아르바이트생 한 명 한 명까지 이렇게 치밀하게 관리하는 모습을 보며 새삼 진지한 마음이 차올랐다. 스타벅스에 출근하는 날이 기다려졌다.

리프트 운전사에 도전하다

"직장에 다니면서 남는 시간에 우버나 리프트 운전을 해서 돈이나 벌까?"라고 말하는 사람들이 주변에 많다. 그런데 막상 생판 모르는 사람을 태우고 운전한다는 게 쉬운 결정은 아니어서 실제로 실행하는 경우는 거의 보지 못했다. 리프트 운전사에 지원해보니 절차는 믿기지 않을 정도로 아주 간단하고 빠르게 진행되었다. (트레이더 조와 스타벅스의 깐깐한 채용 절차를 거쳤기 때문에 더 그렇게 느껴졌을 수도 있다.) 운전면허와 차가 있다면 누구나 리프트 운전을 할 수 있다. 본인이 소유한 차가 없다면 렌트한 차량으로도 가능하다.

우선 온라인 혹은 모바일로 지원서를 낸다. 지원서에는 운전사의 기본적인 인적 사항과 운전할 차량 정보를 넣게 되어 있다. 지원서를 내고 나면 리프트 회사에서 신원 조회를 한다. 승객을 태우려면 범죄 기록 등이 없어야 하기 때문이다. 신원 조회 후 문제가 없다면, 자동차 검사를 받는다. 리프트에서 지정한 검사소 중 한 곳을 찾아가면 된다. 이곳에서 라이트, 브레이크, 타이어, 차량 시트 조절 등 20개 정도의 항목을 체크하며 승객을 안전하게 태울 수 있는지 평가받는다. 검사비는 검사소에 따라 25달러에서 70달러까지 다양하다. 나의 경우, 55세 이상 시니어 할인으로 검사비 10%를 감면받았다. 이럴 때 시니어 대우가 나쁘지는 않다.

검사소에서 발급받은 검사 확인서를 온라인으로 제출하면 모든 지원 절차가 끝난다. 이틀도 안 되어 "리프트 운전을 위한 모든 절차가 완료되었습니다. 축하합니다. 첫 운전하세요"라는 문자 메시지가 도착했다. 그제야 '아, 이제 진짜 운전을 하는구나' 실감이 났다. 운전은 오랫동안 했지만 막상 처음 보는 사람을 태우고 운전할 생각을 하니 좀 떨리기도 하고 겁도 났다.

그런데 이때! '멘토 운전사'로부터 문자 메시지가 왔다. 리프트에는 '버디 시스템buddy system'이 있어서, 초보 리프트 운전사가 경험 많은 동료 운전사로부터 도움을 받을 수 있다. 먼저 일을 시작한 운전사 동료들이 멘토가 되어 첫 운전을 언제 시작하는 것이 좋은지, 운행 전에 구체적으로 어떤 준비가 필요한지, 예행연습은 어떻게 하면 좋은지 등 실질적인 조언을 해주는 제도다. 어디에 살고, 누구인지도 모르는 이 멘토와 대화를 나누며 긴장을 풀 수 있었다. 나중에 알게 된 사실인데 멘토로 활동하는 운전사는 약간의 보너스를 받을 수 있다고 한다. 동료끼리 서로 돕는 기회를 제공하고 보상도 주어지는 이런 회사 시스템이 운전사를 가장 중요하게 생각한다는 리프트에 참 잘 어울린다는 생각이 들었다.

지원부터 채용 완료, 첫 운전까지 모든 절차는 일주일이 채 걸리지 않았다. 생각보다 모든 것이 빠르고 쉽게 진행되었다. 지원 단계 중에 포기하거나 탈락하지 않도록 한 단계 한 단계 자세히 안내하고 확인 메시지까지 보내왔기에 전혀 어려움이 없었다. 리프트에서는 가능한 많은 운전사를 확보하는 게 중요하기 때문에 지원 단계를 아주 간단하고 쉽게 만들어놓은 것 같았다.

이렇게 트레이더 조, 스타벅스, 리프트의 쓰리잡 알바가 완성되었다. 이 세 군데 아르바이트 면접을 보면서 느낀 점은 모든 기업이 우수한 직원들을 뽑기 위해 노력한다는 것이었다. 좋은 회사가 되기 위해 가장 중요한 건 그 기업에 맞는, 그 기업의 인재상에 맞는 직원을 채용하는 것이다. 트레이더 조나 스타벅스는 일주일에 단 하루 근무하는 아르바이트생이라고 하더라도 정규직 채용 절차만큼 체계적이고 까다로웠고, 많은 직원을 필요로 하는 리프트는 채용 절차를 압축해서 진행하고 업무에 빠르게 적응할 수 있는 시스템을 갖추고 있었다.

이렇게 지원 절차부터 배움의 향연이었다. 앞으로 어떤 사람들과 일하게 될까? 또 어떤 고객들로부터 어떤 이야기를 들을 수 있을까? 나는 매일 밤 다음 날을 기대하는 마음으로 잠자리에 들었다.

3

'구글러' 대신
'트레이더 조 알바생'으로

새 학기 첫날, 새 직장 첫 출근 날. '처음'이라는 말에는 여러 가지 감정이 들어 있다. 새로운 모든 것에 대한 설렘 그리고 그 새로운 것을 내가 잘해낼 수 있을까 하는 두려움. 나는 지난 30년의 커리어 기간 동안 직장을 크게 세 번 옮겼고, 그 세 회사 안에서 모두 부서 이동을 했다. 그때마다 설렘과 두려움이 교차했지만, 다행히도 '아, 내가 여기서도 통하네'라는 깨달음과 함께 더 큰 자신감을 얻을 수 있었다.

그런데 이번 갭이어 아르바이트들은 지난 30년 회사 생활과는 전혀 다른 일이어서 시작을 앞두고는 느낌이 확 달랐다. '여기서도 내가 통할까?'라는 걱정과 불안감이 더 컸다. 지난 30년간 키보드만 두드렸던 손으로 고강도의 육체노동을 잘해낼 수 있을까?

출근 전날, 두려움에 휩싸이다

트레이더 조 채용이 확정된 후 다섯 가지 색상의 유니폼과 이름표를 받았다. 트레이더 조 로고가 앞뒤로 크게 박힌 티셔츠를 입고 'Crew Member, Lois Kim'이라고 새겨진 빨간색 이름표를 달고 거울 앞에 섰다. 그런데 덜컥 겁이 났다. 체력 하나는 자신 있다고 늘 말했지만, 막상 첫 출근을 앞두니 체력에 대한 걱정이 앞섰다. 종일 서서 일하며 20킬로그램 가까이 되는 무거운 박스를 잘 나를 수 있을까? 아무리 건강해도 나는 50대인데, 몸이 견뎌내줄까?

또 다른 걱정도 스멀스멀 올라왔다. 지금까지 회사 생활을 하면서 만나왔던 사람들과는 여러모로 많이 다를 것 같은 동료들과 잘 어울릴 수 있을까? 조직 문화와 분위기가 많이 다를 텐데 잘 적응할 수 있을까?

출근 첫날 새벽 4시. 아직도 밖은 깜깜했다. 유니폼을 입고 현관문을 여는데 기분이 묘했다. 16년 동안 익숙했던 '구글 로이스'라는 정체성에서 '트레이더 조 아르바이트생 로이스'라고 새로운 정체성을 입는 첫날이다.

정말, 내가 할 수 있을까?

주차장에 차를 세우고 매장 문 앞에 섰다. 오픈 전이라 자동문은 작동하지 않았다. 미닫이문처럼 손으로 힘껏 밀어 문을 열어야 했다. 문을 열기 위해 손을 올렸다가 순간 '아, 다시 돌아갈까?' 하는 생각이 들었다. 유니폼을 입고 일터에 오니 이제야 현실로 느껴졌다. 구글 임원이 정리해고되고 나서 슈퍼마켓 시급 아르바이트 일을 한다고 남들이 비웃지 않을까? 하는 뻔한 생각도 스쳐갔다. 갖춰 입은 유니폼과 이름표가 쑥스럽고, 계산대에서 고객에게 인사할 때 목소리가 제대로 나오지 않으면 어쩌지 하는 걱정도 들었다. 하지만 마음을 고쳐먹고 다리에 힘을 줬다.

'로이스, 네가 하고 싶은 일 중 첫 번째로 꼽은 거잖아. 해보는 거야. 네가 아니면 누가 이런 드라마틱한 라이프를 살겠어?' 그러곤 힘차게 매장의 슬라이드 도어를 옆으로 밀었다. 문이 활짝 열렸다. 문턱을 넘어 매장 안으로 들어가는데, 꼭 남북한 경계에 있는 노란색 군사분계선을 넘는 듯한 비장함까지 느꼈다. 이 선을 넘어가면 나는 새로운 로이스가 되는 거다. 구글 임원 혹은 어떤 대학교 졸업생, 그런 모든 '레떼르'를 뗀 날것의 로이스, 진짜 알맹이만 남은 로이스가 되는 거다!

숨을 크게 들이마셨다. 그리고 매장 안으로 들어가면서 목소리를 높여 "Hi, Hi!"를 외쳤다. 매장 오픈 준비에 분주히 일하고 있던 모든 크루들이 깜짝 놀라 날 쳐다보았다. 나에게 시선이 집중되었을 때 얼른 인사를 했다. "My name is Lois. Today is my first day at the store. Nice to meet you all(로이스라고 해요. 오늘 처음 출근했어요. 다들 만나서 반가워요)!"

모두가 함박웃음으로 맞아주었다. '목소리를 텄다'는 생각에 자신감이 올라왔다. 트레이더 조 매장 첫 출근 날은 여느 때의 새로운 것을 시작할 때와 정말 달랐다. 영화 속 한 장면처럼, 한순간에 키가 훌쩍 커진 느낌이었고, 기대감으로 가슴이 세 배 정도 부푼 기분이었다.

출근 첫날부터 주의를 받다

첫날 8시간은 정신없이 지나갔다. 매장이 어떻게 운영되는지 예비 지식이 없기도 했지만, 트레이더 조의 직원 교육 철학이 '현장에서 느끼면서 배우는 것'인 탓에 발로 뛰며 업무를 파악하기 바빴다.

소소한 사고도 쳤다. 계산대 업무를 할 때였다. 한 고객의 카드에 오류가 있어 결제가 완료되지 않았는데 이것을 모르고 물건을 포장해서 내주었다. 계산대 화면에 '결제 오류'라는 팝업창이 떠 있었는데 확인하지 못한 내 잘못이었다. 나는 고객을 찾으러 무작정 주차장으로 뛰어나갔다. 주차장에 있는 사람들에게 일일이 카드 결제 영수증을 받았는지 물어봤고, 50분처럼 느껴지는 5분을 뛰어다닌 후 겨우 그 고객을 찾았다.

유니폼은 땀으로 흠뻑 젖었다. 얼마나 다행인지 '휴!' 하고 한숨을 내쉬며 그 고객과 다시 매장으로 들어왔다. 그런데 아뿔싸! 내가 맡은 계산대에는 난리가 나 있었다. 계산하기 위해 줄을 서 있던 고객들이 영문도 모른 채 갑자기 뛰어나가버린 캐셔를 5분 이상 기다려야 했으니 당연하다.

고객을 찾아 문제를 해결했다고 칭찬받을 줄 알았는데, 일단 일이 시작되면 캐셔는 계산대를 절대 비워서는 안 된다고 주의받았다. 첫 출근 날부터 매니저에게 주의를 받다니, 민망했다.

'휴, 첫날부터 이게 뭐람? 예상은 했지만 쉽지 않구나. 나 잘할 수 있겠지?'

4

누구에게나 처음은 있으니까

트레이더 조 아르바이트 생활이 조금 익숙해질 무렵, 리프트 운전을 시작했다.

"운전사로 승인되었습니다. 첫 운전을 준비하세요(You're approved! Get first-ride ready)!"라는 이메일에 '나 진짜 운전사가 되었구나!' 하는 생각이 들었다. 준비할 때까지만 해도 긴가민가했는데, 이제는 또 다른 시작 앞에 선 느낌이었다. 떨렸다.

모르는 사람을 태우고 낯선 길을 운전할 수 있을까? 난 내비게이션을 켜고도 엉뚱한 곳에서 좌회전하거나, 고속도로 출구를 놓치는 일이 비일비재한 생활 운전자인데 말이다.

심호흡하고, 시작!

첫 운전을 시작해야 하는데, 운전사 앱을 켠 채 한참을 그냥 차 안에 앉아 있었다. 겁이 나서 '운전 시작' 버튼을 선뜻 누를 수가 없었다. 다시 집으로 들어왔다. 첫 운전을 하라는 메시지를 받고 그렇게 걱정만 하다 일주일이 그냥 흘러갔다. 일주일 내내 '진짜 나 할 수 있을까?' 하는 생각을 하면서 말이다.

그때 늘 내가 아들에게 했던 말이 떠올랐다. "미루면 아무것도 해결되지 않아. 쑥스러운 것, 해야 할 건 빨리 해버리는 게 낫다니까. 그러지 않으면 점점 더 힘들어져." 그래 해보자. 죽이 되든 밥이 되든 말이다.

언제 시작하는 게 가장 수월할까 고민을 거듭한 끝에 교통량이 적은 토요일 오후에 시작하자고 마음을 먹었다. 토요일 오후 3시. 떨리는 마음으로 리프트 운전사 앱을 켰다. 그리고 '운전 시작' 버튼을 누르고 심호흡을 하며 마음을 가다듬었다. 그런데 그 첫 호흡의 날숨을 끝내지도 않았을 때 '띠링!' 하고 배차가 되었다는 알람 소리가 들렸다.

'운전 시작' 버튼을 누르면 이렇게 바로 자동으로 배차가 되는지 몰랐기에 너무 당황했다. 5분 거리에 승객이 기다리고 있다는 표시가 나왔다. "어어어…?" 하며 당황하는 사이, 어서 출발하라는 듯 내비게이션 안내음이 나왔다.

"좌회전하십시오."

떠밀리듯 첫 승객을 맞다

좌회전을 하면서도 머릿속에서는 고민이 계속됐다. '아직 준비가 안 되었는데, 어쩌지? 그냥 앱을 꺼버릴까?' 가슴은 계속 벌렁대고 운전대를 잡은 손에 땀이 찼다.

진정하고 승객의 목적지를 보았다. 로스알토스. 내가 매일 아침 조깅하는 지역이다. 내가 아는 곳에서 첫 운전 요청이 오다니, 감사한 마음이 들었다. 첫 승객을 그렇게 태웠다. 태우러 가는 길에 좌회전을 두 번이나 놓쳐서 예상 시간보다 조금 늦게 도착했지만, 첫 승객을 픽업해서 원하는 목적지에 잘 내려주었다.

이 첫 라이드는 지금도 생생하다. 인도 여성이었고 결혼식에 간다고 인도 전통의상을 입고 있었다. 인도식 결혼 풍습과 특히 여성의 가정 역할에 대해서 많은 얘기를 했던 것 같다. 다만 정신이 없어서 자세한 내용은 잘 기억나지 않는다. '네가 내 첫 승객이야'라고 말을 하면 타는 사람이 불안해할까 봐 그 얘기는 안 해야지, 했던 기억만 난다.

그렇게 리프트 첫 운전을 성공적으로 마쳤다. 귀에 들어오지는 않았지만 승객과 대화도 자연스럽게 했다. 첫 운전을 마치고 나니, 두 번째 프로젝트도 잘될 것 같다는 자신감이 생겼다. 물론 그 후

한 달까지는 '운전 시작' 버튼을 누를 때마다 두근대는 가슴을 진정해야 했다. 운전석에 앉아 거울을 다시 보고, 사이드미러도 조정하며 편한 자세를 확보한 뒤, '오늘도 안전 운행해야지' 하는 기도와 함께 두세 번 심호흡을 한다. 이 순간은 경건한 마음까지 든다.

리프트 운행에 익숙해진 지금은 집 현관을 나서면서 앱을 켜고 바로 '운전 시작' 버튼을 누른다. 곧바로 라이드가 배정되더라도 당황하거나 조급해하지 않는다. 뒷좌석에 앉은 승객과의 대화도 편안해졌다. 오히려 승객 없이 혼자 운전하면 허전하게 느껴질 때도 있다.

바리스타를 제2의 직업으로?

바리스타가 되고 싶다는 생각은 오래 전부터 있었다. 물론 커피숍에서 일하겠다는 생각은 아니었다. 그냥 커피 만드는 것을 배우고 싶었다. '바리스타'라는 어감이 주는 멋짐도 한몫했다. 한국에 있을 땐 바리스타 자격증을 딸까 하는 생각을 늘 했었다. 그래서 이번 기회에 바리스타가 되어보기로 했다.

미국에서는 커피숍에서 일하기 위해 바리스타 자격증이 꼭 필요하지는 않다. 커피를 잘 만들 수 있고, 관련 경험이 있다면 누구나 도전할 수 있다. 특히 스타벅스의 경우 커피 음료를 만들어본 경험이 전혀 없는 무경험자도 채용한다.

스타벅스 바리스타 일은 면접을 본 후 두 달 정도 지나서 시작됐다. 채용 서류 절차와 신원 조회 등이 생각보다 오래 걸렸다. 사실 그 두 달 내내 바리스타를 진짜 할 수 있을까 고민했다. 스타벅스 바리스타 일이 너무 어려워 한두 주 만에 그만 두었다는 얘기를 많이 들어 걱정이 이만저만이 아니었다. 하루는 트레이더 조랑 리프트 일을 해봤으면 됐지, 또 뭐하려고 해. 이런 생각도 들다가 또 하루는 바리스타는 또 다른 일이니 한번 해보지 뭐, 하는 두 가지 생각이 매일 교차했다.

진땀나는 첫 주문

교육 매장에서 2주간 교육을 받은 후 드디어 내가 근무할 매장으로 첫 출근하는 날이었다. 실습 교육은 근무하는 매장이 아닌 다른 매장에서 이루어지기 때문에 매장 동료들을 처음으로 만난다. 깨끗하게 빨아서 빳빳하게 다려놓은 초록색 앞치마와 직접 손 글씨로 쓴 이름표를 가방에 넣고 매장으로 출근했다. 매장에 도착하니 모두들 자기 일을 하느라 정신없다. 계산대에서는 열심히 주문받고 있고, 바리스타 한 명은 오븐에서 음식을 데우고, 두 명은 에스프레소 커피머신 앞에서 음료를 만들고 있었다.

트레이더 조에 처음 출근한 날처럼 "Hi!"라고 목소리 높여 인사했지만 아무 반응이 없다. 모든 바리스타들이 긴장하면서 일하는 게 느껴진다. 교육받은 대로 아이패드 출근부에 출근 시간을 표시하고, 이름표가 달린 초록색 앞치마를 꺼내 입었다. 허리끈을 졸라 묶으며 내 몸 안에 '슈퍼파워'를 장착했다. 어깨를 펴고 허리를 세웠다. 머릿속으로는 에스프레소머신 앞에서 서너 개의 음료를 동시에 준비하며 손이 보이지 않을 정도로 능숙하게 커피 음료를 만들어내는 바리스타의 모습을 상상했다.

단단히 마인드컨트롤을 하고 첫 교대로 주문대에 서게 되었다. 막상 고객 앞에 서니 주문시스템 작동법도 서툰데다가 무슨 버튼을 클릭해야 되는지도 모르겠다. 100가지가 넘는 음료와 간식 메뉴가 있고, 간단한 커피 음료에 대해서도 대여섯 가지가 넘는 요청사항을 주문시스템에 일일이 받아서 넣어야 했다.

교육받을 때 다 외웠다고 생각했는데, 실전이 되니 머릿속이 하얘졌다. 뭐가 뭔지 하나도 모르겠다. 설상가상으로 고객의 말소리도 들리지 않는다. 바로 옆에서도 주문을 받으니 매장 안이 왕왕 울리는 것 같았다. 더욱이 '위이잉' 하는 커피 원두 가는 기계 소리가 돌아갈 때면 아무 소리도 귀에 들어오지 않았다. 또 각양각색 다양한 억양의 영어로 주문을 받아야 하니 더 고역이었다. 물론 고객들도 내 영어 억양을 듣는 게 쉽지 않았을 테지만.

"Latte, please(라떼 주세요)"라고 나의 첫 고객이 말한다. 속으로 안도의 한숨을 쉬었다. '그래 라떼는 간단하지' 하면서 주문시스템에 넣으려고 클릭하려는데, 고객이 이어 말한다.

"Venti, half decaf, soy milk, one pump of hazelnut syrup, extra hot, and can I get a cup of water, with some ice(벤티 사이즈, 50%만 디카페인으로 주시고, 우유는 소이밀크로, 헤이즐넛 시럽 한 펌프, 아주 뜨겁게 해주세요. 그리고 얼음 넣은 물 한 잔도 주실래요)?"

나는 이 주문 내용 하나하나를 시스템에 항목별로 체크해야 한다. 컵 사이즈, 디카페인 50%, 우유 종류, 시럽 양, 아주 뜨겁게라는 요청 사항도 체크해야 한다. 그런데, 어떤 버튼이 어디에 있는지 하나도 생각이 안 난다. 이것저것 무작정 눌러보다 겨우 디카페인을 찾아 체크를 하면 '아, 우유는 뭐였더라?' 기억이 가물가물하다.

나는 "미안한데요, 우유는 뭐라고 하셨죠?"라고 묻고 "또 미안한데, 시럽은 뭐라고 하셨죠?"라고 되묻는다. 이 정도까지 하면 친절했던 고객의 얼굴에 짜증이 확 드러난다. 바쁜데 주문만 하세월이다. 그런 고객 앞에서, 다시 한번 "정말 미안한데 라떼 말고 또 뭐 달라고 하셨죠?"라고 물었다. 그랬더니 그 고객이 "never mind(됐고요)!"라며 빨리 계산해달라고 한다.

등에서 식은땀이 난다. 바로 옆에서 또 다른 캐셔 바리스타도 계속 주문을 받고 있어서 물어보기도 어렵다. 그 친구가 고객 다섯 명의 주문을 받는 사이, 나는 한 사람의 주문을 겨우 끝냈다. 줄은 점점 길어져서 계산대부터 매장 문 앞까지 이어졌다. 한숨이 나왔다. 나 이거 정말 해낼 수 있을까? 주문받는 것도 이렇게 어려운데, 온갖 종류의 다양한 음료를 재깍재깍 만들 수 있을까?

시작은 누구나 서툴지!

주문을 받을 때마다 "제가 오늘 첫 근무라서 많이 서툴러요. 이해해주세요." 이렇게 일단 말문을 열고 주문을 받기 시작했다. 주문 시스템 버튼 이것저것을 몇 번이나 눌러본 다음에야 가장 간단한 아이스 아메리카노 주문을 받을 수 있었다. 종일 "죄송합니다"를 달고 살았고 아이스를 핫으로, 핫을 아이스로, 벤티 사이즈가 그란데 사이즈로 잘못 나갔다. 음료를 만드는 바리스타들도 잘못된 주문서 때문에 몇 번이나 다 만든 음료를 싱크대에 쏟아붓고 다시 만들어야 했다. 미안했다. 다행히 슈퍼바이저는 처음엔 다 그러니, 걱정하지 말라고 위로해주었다.

시작은 누구나 서툴다. 빨리 배우는 사람이 있고 더딘 사람들이 있다. 나의 더딤을 이해해주는 매장 매니저, 함께 일하는 동료들에게도 깊은 고마움을 느낀다. "처음부터 잘하는 사람이 어디 있어요. 다 배우는 단계가 필요하지"라고 나에게 따뜻한 위로의 말을 건네는 고객들에게도 이루 말할 수 없이 감사했다.

역할은 두 시간마다 순환이어서, 두 시간 동안 카운터에서 전쟁을 치른 뒤에는 서포트 역할을 하게 된다. 서포트는 음료를 만드는 데 필요한 재료를 채워 넣고 매장 쓰레기통을 비우고 테이블을 닦는다. 또 밀려 있는 설거지도 한다. 음료를 종이컵에 담아주는 데도 설거지가 엄청나게 나온다. 각종 음료에 필요한 원액이 담겨 있는 용기들이 빠르게 비워지기 때문이다. 매장에는 청소하는 사람이 따로 없기 때문에 바리스타가 매장 안팎 청소도 한다. 눈 깜짝할 사이에 채워져 있는 쓰레기통을 비우는 일도 바리스타의 몫이다. 몸은 바쁘지만 이런 일은 주문받는 것보다 훨씬 자신 있다.

바리스타가 된 지 1년 가까이 지난 지금도 조금만 정신줄을 놓으면, 토핑을 잊어버리거나 소이밀크 대신에 일반 우유로 착각하는 등의 실수를 한다. 그럴 땐 활짝 웃으며 "아직 초보 바리스타로 배우고 있는 중이니 조금만 이해해달라"고 미안하다고 사과하고 다시 음료를 만든다. 기다려준 것에 대해 다시 한번 고마움을 전하면서 말이다.

이렇게 좌충우돌하며 트레이더 조에서, 스타벅스에서, 리프트에서의 첫날들을 보냈다. 걱정했고, 두려웠고, 쑥스러웠고, 겁도 났다. 그럴 때마다 내가 후배들에게 늘 해왔던 말을 나 자신에게도 들려준다.

'새로운 일을 많이 해보세요. 서툰 일을 자청해서 해보세요. 그건 나의 서투름을 마주하겠다는 용기이고, 잘될 때까지 열심히 하겠다는 약속입니다. 새로운 일 앞에서는 겸손한 마음이 생깁니다. 처음부터 일을 능숙하게 해내는 사람은 아무도 없기에 후배가, 동료가 일이 서툴 때 이해하고 기다려줄 수 있습니다. 그래서 저는 자꾸 새로운 일을 시도하는 사람을 좋아합니다. 그것이 실패하던 성공하던 말입니다.'

'해보는 거야. 네가 아니면
누가 이런 드라마틱한 라이프를 살겠어?'
그러곤 힘차게 매장의 슬라이드 도어를
옆으로 밀었다. 문이 활짝 열렸다.
문턱을 넘어 매장 안으로 들어가는데,
꼭 남북한 경계에 있는 노란색 군사분계선을
넘는 듯한 비장함까지 느꼈다.
이 선을 넘어가면 나는 새로운 로이스가 되는 거다.
날것의 로이스, 진짜 알맹이만 남은
로이스가 되는 거다!

5

"어떻게 지내세요?"라고 말을 거는 슈퍼마켓

한국의 대형마트를 떠올려보자. 캐셔 혹은 물건을 진열하는 직원들과 얘기하는가? 사려는 물건을 못 찾았을 경우에만 바쁘게 일하고 있는 직원들에게 미안해하며 물어보고 또 계산할 때는 서로가 약속한 듯이 정말 한마디도 안 한다.

오늘 하루가 어땠는지, 오늘 시장 본 것으로 무슨 요리를 할 것인지, 이번 주말에는 무슨 일을 할 예정인지 같은 일상적인 대화를 마트에서 일하는 직원들과 나눠본 적은 별로 없을 것이다. 누가 그런 대화를 걸어오면 '이 사람 뭐지?' 하는 경계의 눈초리를 보냈을지 모른다. 이런 분위기는 미국의 마트들도 마찬가지다. 그런데 트레이더 조는 전혀 다르다. 수년째 고객만족도 1위 슈퍼마켓인 트레이더 조는 팬덤을 형성할 정도로 제품 구성과 고객서비스에 진심이다.

스몰토크의 천국

트레이더 조에는 스몰토크가 강물처럼 흐른다. 계산대의 캐셔들은 고객들의 제품을 스캔하고 직접 장바구니에 넣어주면서 끊임없이 고객들과 대화를 나눈다. '이 제품은 나도 써봤는데, 이런 점이 좋다' 같은 경험도 공유하고, 어떤 고객은 비슷한 제품 두 가지 중 어떤 것이 나은가를 묻기도 한다.

트레이더 조에서 교육을 받을 때는 스몰토크의 중요성, 스몰토크할 때 주의할 점에 대해서도 듣는다. 중요한 것 중 하나가 어떤 제품에 대해 코멘트할 때, 절대 자신이 써보지 않은 것을 써본 것처럼 말하거나, 본인이 좋아하지 않는 것을 좋아하는 것처럼 말하지 않는 것이다. 영혼 없는 말을 하거나 거짓말을 하지 말라는 거다. 써보지 않은 것은 "내가 아직 써보지는 못했는데, 네가 써보고 알려줄래?"라고 하거나, 옆에 있는 크루에게 "너 이거 써봤어? 어때?"라고 물어보고 대화를 이어간다.

어떤 날은 한국 파전 세 개를 사가는 고객이 있어서 전을 좋아하는지 물었더니, 아주 좋아한다고 대답했다. "나는 한국 사람이라 파전을 직접 만들어 먹는데 내가 한 것보다는 못하지만 꽤 맛있다"고 웃으며 말했더니 하하 웃으면서, 언제 나보고 직접 해달라는 사람도 있었다. 파스타를 잔뜩 사가는 사람이 있으면 소스 레시피를 묻고 배우기도 한다.

나의 단골 고객

캐셔를 하는 1시간 동안 약 20명을 만난다. 하루에 캐셔로는 3~4시간 일을 하니, 한 달에 평균 1,000명 정도의 고객을 만나는 셈이다. 자주 만나는 사람은 누가 먼저랄 것 없이 알은체를 한다.

시간이 지나면서 내가 매장 진열을 맡고 있는 시간에도 익숙한 얼굴들이 찾아와 인사를 하기 시작했다. 매장 어디에서 일하던 나를 찾아내 내 이름을 반갑게 부르는 고객들이다. 나의 단골 중 한 명의 이름은 '아치'인데, 내가 근무하는 시간에만 장을 보러 와서 늘 "로이스!"라고 내 이름을 외치며 다닌다. 그는 식재료에 대해 이것저것 물어보기도 하고, 최근에 다녀왔던 여행 얘기도 들려준다. '언제 검도 가르쳐줄 거냐'고 조르며 나와의 친분을 드러내기도 한다.

베트남 할머니도 계신데, 말은 안 통하지만 늘 일하고 있는 내게 다가와 어깨를 툭툭 두드리며 '나 왔어'라는 표정을 지으신다. 그러면서 사탕을 손에 쥐여주신다. 이런 정이 흐르는 슈퍼가 또 있을까 싶다. 마치 트레이더 조가 고객에게 주는 좋은 경험을 고객도 크루에게 돌려주는 것만 같다. 매장 직원들이 고객들을 돈 버는 대상이 아닌 '사람'으로 대하는 만큼 고객들도 직원들을 존중하며 소위 갑을 관계가 아닌 친구처럼 수평 관계를 유지한다.

진심을 주고받다

계산대에 서면, 캐셔인 내가 "How are you doing today(오늘 하루 어때요)?"라고 묻기 전에 나에게 안부를 묻는 고객이 열에 아홉이다. 고객과 직원 관계를 넘어 사람 대 사람으로 만나는 것이다. 계산대에 들어선 고객들의 제품을 스캔하고, 돈 계산을 하고, 장바구니에 다시 제품을 담아주기까지 짧게는 30초, 길게는 5분 이상 한 고객과 끊임없이 대화를 나누기 때문에 트레이더 조 직원은 다른 슈퍼마켓에서 일하는 사람들과 좀 다르다.

트레이더 조에서 근무하는 크루들은 대체로 사교성이 좋다. 그리고 각자 특성이 있다. 우리 매장의 한 크루는 60대 중반의 남성인데 운동 마니아다. 마라톤을 하고 식이요법을 해서 건강한 식단에 대해 아주 잘 아는 분이다. 이 크루는 고객들과 샐러드 만드는 법을 공유하거나 운동시설에 대한 정보를 나눈다.

치즈 섹션을 맡고 있는 한 크루는 요리 책을 쓰고 있을 정도로 요리에 조예가 깊다. 고객들은 이 크루를 일부러 찾아와 레시피나

식재료에 대한 조언을 구하기도 한다. 또 한 크루는 70대인데 낚시광이다. 장시간 오래 서서 일하는 것이 힘들지 않을까 걱정되었는데, 전혀 문제가 없었다. 물론 육체적으로는 젊은 직원을 따라가지 못하지만, 그분과 대화하기 위해 매장을 찾아오는 사람이 있을 정도로 밀도 있는 대화를 나누신다. 고객들은 그를 찾아와 인생에 대해 얘기하고 손자 손녀에 대해 묻고 대답한다.

지난주에 계산대에서 일하며 한 할아버지 고객을 만났다. 여느 때와 같이 "오늘 장보신 것 모두 건강한 음식들이네요. 건강의 비결이 식단이신가 봐요!"라고 말문을 열었다. 그랬더니 기분 좋게 웃으시며 자기 나이를 맞춰보란다. 잘 살펴보고 '70대 초반'처럼 보인다고 했더니 90대라고 하셨다. 깜짝 놀라는 나에게 "며칠 전까지 50대였던 것 같은데, 눈 깜짝하니 이렇게 90대가 되어 있더군요. 시간은 정말 빨리 가요. 젊었을 때 하고 싶은 거 다 하며 사세요"라고 말씀하시며 장바구니를 가뿐하게 들어올리신다. 마트 계산대에서 일하며 무료로 듣는 '10초짜리 인생 철학'이다.

내가 있는 트레이더 조 매장에서 가장 나이가 어린 크루는 고등학생이고, 가장 나이 많은 크루는 등이 굽은 70대 후반이다. 60살 차이가 나지만 이들은 서로 주먹 인사를 나누는 동료 사이이다. 이렇듯 트레이더 조에는 나이도, 배경도, 취미도 다양한 크루들이 일하고 있다. 나이 많은 크루는 연세가 있으신 고객과, 학생인 크루는 학생 고객과, 운동을 좋아하는 크루는 운동을 좋아하는 고객들과 진솔한 대화를 나눌 수 있다. 연륜 있는 크루들은 20~30대처럼 육체적으로 왕성하지는 않지만 자기만의 깊이로 각자 위치에서 제 몫을 다한다.

다양성을 강조하는 회사는 많지만 다양성이 이렇게 직접, 바로 발현되는 일터는 드물다. 동료들의 소중함을 매일 깨닫고 있다.

6

버라이어티한 바리스타의 세계

스타벅스 자료에 의하면 스타벅스 바리스타의 평균 연령은 23세이다. 그리고 아시아계가 5%이다. 나는 스타벅스에서 소수인 아시아계, 그것도 평균 바리스타 연령보다 두 배 이상 나이가 많은 사람이다. '닥치고 일단 시작하자'는 근자감(근거 없는 자신감)으로 늘 무장되어 있는 나지만 순간 자신감이 확 꺾였다.

  스타벅스에서 바리스타가 만들어야 할 음료는 변형까지 합하면 100가지가 훌쩍 넘는다. 그 레시피를 다 외울 수 있을까? 1분 1초가 아까운 직장인들이 몰려오는 출퇴근 시간에 음료들을 실수 없이 빨리빨리 만들어내야 하는데 그 일을 빠르게 잘해낼 수 있을까?

내가 굼떠서 다른 사람들에게 피해를 입히면 어쩌지? 걱정이 태산이었다. 또 주문도 받아야 하는데 빠르게 말하는 사람들의 영어를 잘 알아듣고 주문시스템에 넣을 수 있을까 고민됐다.

외울 게 많아도 너무 많아

출근을 하면 스타벅스 바리스타들은 그날 스토어 매니저와 시프트 슈퍼바이저가 짜놓은 일정에 따라 업무를 한다. 매장 안에서 일어나는 모든 일, 즉 커피 음료 만드는 일부터 계산대 캐셔, 테이블 닦기, 화장실 청소까지 모두 바리스타가 하는 일이다. 스타벅스 바리스타의 업무는 크게 다섯 가지로 나뉜다.

에스프레소바 바리스타(에스프레소 기계로 커피를 만드는 곳, 주로 hot bar라고 한다), 콜드바 바리스타(프라프치노 등 차가운 음료를 만드는 곳), 레지스터(주문을 받는 사람, 캐셔), 오븐 담당(샌드위치 등을 주문하면 오븐에 구워서 주는 곳) 그리고 커스터머 서포트(30분 단위로 드립커피를 내리고, 바에서 필요한 물품이 떨어지지 않게 채우고, 매장 곳곳을 수시로 다니면서 테이블이나 바닥을 정리하는 일).

이 모든 일이 막힘없이 잘 돌아가야 매장이 유지된다. 내가 가장 어려워하는 건 주문을 받는 것 즉, 캐셔 업무이다. 스타벅스의 캐셔는 그냥 주문받고 계산만 하는 게 아니라 커피 음료에 대해 조언을 해줄 수 있을 정도로 음료에 해박해야 한다. 라떼를 먹을까, 카푸치노 먹을까를 고민하는 사람에게는 그 가운데 격인 웻 카푸치노wet cappuccino를 먹어보라고 제안해주고 이를 주문 창에 코멘트로 입력할 수 있어야 한다. 단것을 안 좋아한다는 사람에게는 특정 시럽을 반으로 줄이자고 말해야 하기 때문에 어떤 시럽이 얼마나 많이 들어가는지를 빠삭하게 알고 있어야 한다. 스타벅스의 카라멜 마끼야또는 바닐라 시럽도 들어가고 카라멜 시럽도 들어간다. 그중 어떤 것을 어떻게 줄일지를 바리스타가 조언해줄 수 있어야 한다.

오늘도 주문을 잘 받을 수 있을까 벌써부터 걱정된다. 다양한 사람들의 악센트나 억양, 말하는 속도에 적응할 수 있을지, 음료 옵션을 빠르고 정확하게 입력할 수 있을지 말이다. 메뉴를 겨우 다 외웠다 싶으면 새로운 음료가 출시된다. 여름에는 시원한 드링크, 가을에는 핼러윈 음료, 연말에는 홀리데이 음료들이 대거 출시된다. 새로운 음료가 나올 때마다 레시피를 외우고, 만드는 것을 연습하고, 또 주문시스템에 입력하는 법도 익숙해져야 한다.

스마트한 스타벅스의 트레이닝

업무가 복잡하기 때문인지 스타벅스의 바리스타 트레이닝은 아주 치밀하다. 내가 받은 스타벅스 트레이닝은 2주에 걸쳐 오전 6시 30분부터 오후 2시까지 하루 7시간 반씩 이루어졌다. 교육용 아이패드가 주어지는데 패드 안에는 출근 첫날부터 90일까지 해야 하는 일이 아주 디테일하게 적혀 있다. 커피의 역사, 원두 산지의 지리, 커피 무역 방법, 원두의 종류, 60종이 넘는 커피 제조 레시피, 안전 수칙, 스타벅스 바 구성, 고객 응대법, 스타벅스에서 사용하는 용어 등 모든 내용이 텍스트, 비주얼 그리고 동영상으로 제작되어 있다. 각 챕터가 넘어갈 때는 테스트를 거쳐야 한다. 테스트에 통과해야 다음 챕터로 넘어갈 수 있다.

읽는 것이 원어민보다 느린 나는 함께 교육을 받는 다른 두 젊은 친구들에 비해 20분 정도 늦게 한 챕터를 끝마쳤다. 이렇게 혼자 공부를 하고 나면 매니저와의 챕터 리뷰 테스트가 진행된다. 시험 개념은 아니라서 답이 틀려도 패널티는 없다. 다시 돌아가 답을 제대로 알고 넘어가면 된다. 그래도 긴장되기는 마찬가지다. 커피 맛의 3요소가 뭐라고 했지? 카푸치노 톨tall 사이즈는 샷이 몇 개 들어가지? 카라멜 프라프치노에 바닐라 시럽은 몇 펌프가 들어가지? 등등. 외울 게 너무 많아서 수능 볼 때만큼 긴장되었던 것 같다.

창의적인 고객들! 교육과 현실은 달랐다

내가 고객으로 스타벅스에 갈 때면 늘 주문하는 음료가 있다. '디카페인, 카푸치노, 특별히 더 뜨겁게'라고 주문한다. 내 주문이 좀 복잡한가 싶어 한껏 미안한 목소리로 바리스타에게 말을 건넸었다. 그런데 막상 바리스타로 일하다 보니 내 주문은 정말 애교 수준의 복잡도였다.

어떤 고객이 따뜻한 아메리카노를 주문했다. 아메리카노는 주문받기도, 만들기도 가장 간단한 커피 음료다. 대개는. 그런데 이 고객의 세부사항 주문이 속사포처럼 이어진다.

"그란데 사이즈 아메리카노, 컵은 벤티 사이즈를 사용해주시고요. 커피 샷은 디카페인, 카페인 반반 섞어서 주세요. 슈가 프리 바닐라시럽 2펌프, 모카시럽 2펌프를 넣고, 위에는 초콜릿스윗바닐라폼을 얹어주세요. 폼 위에는 카라멜 소스와 초콜릿 가루를 토핑해주시고요."

내가 방금 뭘 들은 거지, 하고 머리가 하얘진다. 이렇듯 스타벅스 고객들의 요구사항은 정말 창의적이고 기가 막히다. 그런데 신기한 것은 바리스타들이 이런 까다로운 주문을 마다하지 않는다는 것이다. 물론 출근 시간처럼 너무너무 바쁘고 주문이 밀렸을 때는 예외겠지만, 스타벅스의 바리스타들은 이런 복잡한 주문에 도전하는 것을 즐긴다. '아, 이렇게도 섞어 먹네!' 하며 우리끼리 맛을 상상하기도 한다.

매일 같은 음료를 만들기 반복하는 것 같지만, 스타벅스 바리스타로 일하면서 동영상 자료와 실습을 통해 1년 내내 교육을 받았다. 메뉴와 서비스가 계속 업데이트되기 때문이다. 스타벅스 서비스의 최대 장점인 표준화가 이루어지는 과정에 직접 들어가니 그저 놀랍다는 말밖에 나오지 않았다. 빼곡하게 잘 짜인 교육 내용을 보면서, 전 세계 3만 곳이 넘는 매장에서 수십만 명의 바리스타가 일하는 스타벅스에는 이런 체계적이고 표준화된 교육이 필수일 수밖에 없겠다는 생각이 들었다.

　　현장에서 몸으로 부딪히며 터득하고, 직원 개인의 개성을 중요하게 여기는 트레이더 조와 전 세계 어디서나 동일한 서비스를 제공할 수 있도록 엄격한 사전 교육을 하는 스타벅스. 직원 교육 방식이 완전히 다른 두 기업의 차이점을 경험하는 것도 꽤 값진 경험이었다.

$$7$$

5점 만점 리프트 운전사 되기

라이드 총 600회, 운전사 평점 5.0 만점.

나의 리프트 운전 기록이다. 2023년 3월, 공유 운전 서비스인 리프트 운전을 시작했다. 리프트 운전은 외부와 단절된 채 한 사람과 집중적으로 시간을 보낼 수 있기에 시작하기 전부터 가장 기대되었던 아르바이트이다. 어떤 사람이 내 차에 탈까? 그와 어떤 이야기를 나눌 수 있을까? 상상하는 것만으로도 설렘 반 기대 반이었다.

리프트를 시작하고 가장 달라진 게 내 차다. 차를 이렇게 열심히 닦아본 적이 없다. 한국에 있을 때 주유 후 받는 공짜 쿠폰이나 할인 쿠폰이 생기면 자동 세차 정도만 했다. 미국에 와서는 세차라는 것을 일부러 해본 적이 없었다. 지저분하게 다니는 차들이 워낙 많기도 하고 자동 세차가 있다고 하더라도 일부러 돈을 써가면서 세차를 할 생각은 없었다. 그런데 리프트 아르바이트를 시작하고 나서는 2~3일이 멀다하고 주차장에 연결되어 있는 호스로 물을 뿌려가며 손 세차를 직접 한다. 왁스를 발라 광을 내고 내부도 깔끔하게 청소한다.

리프트 운전을 하면서 고객이 가장 중요하게 생각하는 요인을 찾아봤다. A지점에서 B지점까지 정확히 데려다주는 것 이외에 가장 중요하다고 여기는 게 차의 청결도였다. 이를 알게 된 후로는 차 외관뿐 아니라 진공청소기를 차에 싣고 다니면서 수시로 차 바닥을 진공청소하고, 새 승객을 태우기 전에 창문과 손잡이도 소독티슈로 꼼꼼하게 닦는다. 방향제도 따로 뿌린다.

승객과 대화 시작하기

전혀 모르는 사람을 내 차에 태우고 운전하는 건 참 어색하고 어려운 일이다. 서로의 숨소리까지 들을 수 있는 좁은 공간에서 처음 만나는 사람과 짧게는 5분, 길게는 1시간까지 함께 있어야 한다. 모르는 사람을 태우고 운전하면서 동시에 내비게이션의 안내도 듣고, 자연스럽게 영어로 대화도 해야 한다. 이 모든 상황을 승객이 지켜보고 나중에는 평가까지 한다. 긴장하지 않을 수 없다.

언제까지 얼어 있을 수만은 없었다. 모르는 사람과 자연스럽게 긴 대화를 나누기에 이보다 더 좋은 기회는 없다고 생각하고 적극적으로 움직였다. 물론 눈치 없이 아무에게나 말을 걸지는 않았다. 나도 한국에서 택시를 타면 어떤 때는 조용히 가고 싶은 때도 있고 어떤 때는 기사님과 두런두런 얘기를 나누고 싶을 때도 있었다. 내가 태우는 승객들도 마찬가지다. 차 안에서 이메일을 체크하는 승객, 잠을 청하는 승객, 이어폰을 끼고 있으면서 음악을 듣는 데 방해받지 않았으면 하는 승객이 있는가 하면, 오늘 하루가 어땠는지 이야기하고 싶은 승객, 동네 정보를 얻고 싶어 하는 승객도 있다. 운전사 입장에서 이 승객이 대화를 하고 싶어 하는지 재빠르게 파악해야 한다. 안 그러면 눈치 없는 운전사가 되기 때문이다.

승객의 유형을 파악하기 위해 나는 자연스럽게 인사부터 건넨다. "안녕? 오늘 기분이 어때?" 이 질문에 그냥 "Good" 하고 아주 짧게 끊어서 대답하면 대화를 하고 싶어 하지 않는 사람이다. 평일 아침 출근길 승객들이 보통 이렇다. 이런 승객에게는 따로 말을 붙이지 않고 내릴 때 "Bye"만 한다.

반면, "안녕? 오늘 기분이 어때?"라는 질문에 상냥하게 답을 하는 사람은 일단 대화에 열린 사람이라고 생각하고 다음 질문으로 넘어간다. "오늘 날씨 정말 좋지?"처럼 날씨 코멘트를 하는 것이다. 여기에 "Yup(넵)"이라고 짧게 답하는 사람은 지금 대화를 하고 싶은 마음이 없으므로 거기에서 멈춘다. 그러나 맞장구를 치면서 이런저런 답변을 하는 승객에게는 계속 말을 이어간다. 이렇게 승객 10명 중 6명과는 대화를 시작할 수 있다. 주말에 무슨 계획이 있는지, 주변에 새로 생긴 음식점이나 카페가 있는지 서로 묻고 답하며 새로운 사람을 사귄다.

200번 손님을 태웠을 때에야 대화가 익숙해졌다

사실 내비게이션을 들으며 처음 가보는 길을 운전하면서 고객과 대화하는 건 쉽지 않다. 서로 얼굴도 마주보지 않은 채로, 나에게는 모국어가 아닌 영어로 낯선 사람과 대화하는 것은 꽤 부담스러운 일이었다. 실리콘밸리에서는 짧게 간다고 해도 주로 고속도로를 타야 하기 때문에 실수하지 않도록 신경을 바짝 세워야 한다. 고속도로 출구를 놓치면 크게 돌아가야 하기 때문이다. 운전을 하면서도 앱을 항상 봐야 하는데 승객이 타고 있을 때 다음 콜이 자동으로 잡히면 마음이 급해지고 실수를 안 하려고 더욱 긴장하게 된다.

50회 정도 운행을 하니 리프트 앱 사용과 운전이 좀 편안해지고, 200회 운행을 마치니 승객과 대화하면서 운전하는 것이 능숙해졌다. 나는 리프트 앱의 기능 중 '구역 한정 기능'을 잘 사용하고 있다. 내가 살고 있는 구역에서 15킬로미터 이내에서만 운전을 하도록 설정한다. 익숙한 구역 내에서만 운전하다 보니 일단 마음이 편하다. 길도 덜 헤매고, 고객들이 동네에 대해 묻거나 동네 레스토랑 등을 물어도 잘 대답해줄 수 있다. 나의 장점을 최대한 발현할 수 있는 환경을 만들었더니 안정감과 함께 재미도 느낄 수 있었다. 그렇게 친절하게 고객을 맞으니 자연스럽게 높은 평점도 따라왔다.

높은 평점은 일에 대한 만족감을 높여주기도 하지만, 스스로 내가 잘하고 있다는 기분이 들어 자존감이 높아지기도 한다. 나는 오늘도 승객을 태울 때 '내가 승객이라면 어떤 택시를 바랄까?' 생각한다. 한국에서 택시를 탈 때 5킬로미터를 가는데도 브레이크를 대여섯 번 넘게 밟았다 놓았다를 반복하는 기사님을 만나면 힘들었다. 그래서 브레이크를 부드럽게 밟으려고 애쓴다. 본인 안방인 양 귀에 거슬리는 라디오 채널이나 음악을 크게 튼 택시는 부담스러웠기에 차분한 음악을 틀거나 음악 없이 조용히 운행을 한다.

1년 넘게 600명의 승객을 태우면서 조금만 노력하면 더 나은 서비스를 제공할 수 있다는 것을 알게 되었다. 물론 서울처럼 아침부터 밤까지 늘 교통정체가 이어지는 도시에서 장시간 택시 운전하는 건 미국 실리콘밸리 도시에서 차를 운전하는 것에 비하면 훨씬 힘들 것이다. 리프트 기사를 1년 동안 해보고 나서 서울에 가서 택시를 타는 느낌은 사뭇 달랐다. 출근길 만성 정체된 구간을 늘 운전해야 하는 택시 기사님의 마음을 알 것 같았고, 아침 첫 회의에 늦어 택시 안에서 발을 동동 구르며 좀 더 빨리 못 가주는 택시를 야속해하는 승객 때문에 받는 기사님의 스트레스도 이해할 것 같다. 세상을 보는 시야가 넓어지고 있다.

8

그래서 요즘 저의 하루 일과는요

쓰리잡, 어떨 때는 포잡을 뛰는 나의 하루는 어떨까? 2024년 어느 일요일의 내 하루를 복기해본다.

오전 3시 30분~오후 1시 30분

새벽 3시 알람 소리에 일어난다. 출근 준비를 하고 트레이더 조 매장으로 운전해서 간다. 3시 30분 전에 매장에 도착해 출근 체크를 한다. 태블릿에 사원 번호를 넣고 출근 로그인을 하면 된다. 여기에서 새벽 3시 반부터 오후 1시 반까지 10시간을 일한다. 점심시간 30분 정도를 빼고는 말이다.

4시간 일하고 나면 30분에서 1시간 식사 시간이 주어지는데, 이때는 짧게 30분을 쉬거나, 1시간 동안 리프트 운전을 하러 나간다. 가까운 동네에서 두세 건의 라이드를 마치고 식사 시간이 끝나기 전에 트레이더 조로 돌아온다. 이렇게 식사 시간에 리프트 운전을 나가면 20달러 정도 버는 것 같다.

돈벌이 때문에 점심시간에 운전을 하는 건 아니고, 그 시간이 아깝다는 생각이 들어 움직이는 것이다. 일단 밥을 먹을 필요가 없다. 매장 안에서는 늘 새 제품에 대한 직원 시식이 진행되기 때문에, 그것만 먹어도 배가 부르다. 처음에는 식사 시간에 책 한 권을 들고 주차장 나무 그늘에 앉아 책을 읽었다. 그런데 트레이더 조 유니폼을 입고 있다 보니 오고가는 사람들이 이런저런 질문을 해서 집중하기가 어려웠다. 그래서 운전을 하기 시작했다. 시간을 유용하게 쓰는 느낌이 들었다. 매장에서 일할 때는 계속 서 있는데 운전을 할 때는 앉아 있으니 다리의 노곤함을 풀 수 있고, 냉동·냉장 제품을 만지면서 반 얼어 있는 손을 따뜻한 운전대를 잡으며 녹일 수 있다. 물론 추가로 돈도 벌고 말이다.

오후 2시~오후 8시

오후 1시 반 정도에 트레이더 조 근무는 끝난다. 퇴근을 하고 나는 스타벅스 매장으로 향한다. 2시부터 스타벅스 매장 근무가 시작된다. 차 안에서 변신을 한다. 트레이더 조 유니폼 위에 티셔츠를 둘러 입고 모자를 쓰고 등산화로 갈아 신는다. 출근할 때 미리 차 안에 두었던 옷가지와 신발이다.

스타벅스의 초록색 앞치마가 가장 잘 어울리는 건 뭐니 뭐니 해도 검은색 티셔츠이다. 간단한 검은색 티셔츠와 바지 그리고 편한 신발이면 출근 복장으로 충분하다. 스타벅스에서 커피와 음료를 만드는 매장 바닥은 음료로 인해 늘 젖어 있거나 끈적거리기도 한다. 그래서 미끄러지지 않도록 접지력이 좋은 등산화로 바꿔 신어야 한다. 2시에 스타벅스 매장으로 출근해 오후 8시경에 퇴근한다. 퇴근할 때는 벌써 밖이 어두워져 있다. 샛별을 보며 트레이더 조로 출근해서 스타벅스 근무가 끝나면 저 멀리 까만 하늘에 두둥실 떠 있는 달을 보며 집으로 돌아온다.

오후 8시~10시

스타벅스 근무를 마치고 펫시팅 아르바이트가 있는 날은 퇴근길에 들린다. 주인이 여행을 갈 때마다 나에게 맡기는 고양이를 돌보러 간다. 내가 돌보는 반려 고양이가 있는 집은 팔로알토에 있다. 근처 도시이지만 우리 집에서 10킬로미터 떨어져 있다. 가는 길에 리프트 앱을 켠다. 앱에서 내가 가는 목적지를 설정하면 목적지가 같은 승객만 태울 수 있다. 항상 승객이 있는 것은 아니지만 70% 정도는 승객을 태울 수 있다.

시간이 많은 날은 리프트 운전을 서너 시간 이어 하지만, 바쁜 날은 이렇게 '울트라 긱 활동(정말 짬시간을 내서 하는 활동)'으로 한다. 바쁘게 일주일을 보내다 보면 전기차인 내 차의 충전 상태는 바닥이다. 이날은 집에 오는 길에 충천소에 들려 충전을 한다. 급속 충전이지만 40~50분 정도 걸린다. 충전이 완료되길 기다리며 오디오북을 듣는다. 속도를 높이면 자동차가 충전되는 동안 30페이지 정도는 읽을 수 있다.

오후 10시~12시

컨설팅이 있는 날이면 펫시팅은 건너뛰고 집으로 돌아와 온라인 미팅을 준비한다. 한국에 있는 팀들과의 미팅이기 때문에 늦은 밤 시간이다. 1시간 반 정도 미팅을 하고 또 미팅 후 필요한 일을 마치면 벌써 자정에 가깝다. 졸려서 눈이 감기기보다, 20시간 이상 눈을 계속 뜨고 있었더니 눈이 시리다. 그렇다고 바로 잠들 수가 없다. 샤워를 하고 책상 앞에 앉아 그날 올라온 새로운 구인 뉴스를 보고 지원할 만한 곳이 있는지 확인한다. 마음에 드는 회사가 있으면 이력서를 보강해 지원서를 낸다. 그리고 링크드인에서 그 회사에 있는 채용 담당자를 찾거나 그 회사에 다니는 전직 구글러들을 찾아 쪽지를 남긴다. 미국 테크 기업들에서는 다른 회사에 근무하는 지인을 소개하는 '리퍼럴(referral, 직원 추천) 채용'이 일반적이다. 그러므로 아는 사람을 통해 혹시 내 자리가 있는지 연락해보는 것이다.

지원서 한두 개만 넣어도 1시간이 훌쩍 간다. 새벽 1시가 다 된 시간, 이제야 긴장이 풀리는지 졸음이 쏟아진다. 무거워진 눈꺼풀을 다시 올리며 그날 만났던 사람들과 경험했던 내용을 글로 간단히 적는다. 그리고 세상이 어떻게 돌아가는지 알기 위해 그날의 뉴스를 팟캐스트로 들으면서 잠자리에 든다. 하루를 바쁘게 보낸 탓일까, 5분도 안 걸려 깊은 잠에 빠져든다.

운동과 취미 활동도 꾸준히

매주 월요일 저녁에는 미국에 오자마자 가입해서 5년째 하고 있는 '토스트마스터즈Toastmasters 클럽'에 간다. 토스트마스터즈 클럽은 10분 내외의 퍼블릭 스피치(대중 강연)를 체계적으로 연습하는 전 세계적인 비영리 단체다. 내가 다니는 마운틴뷰 토스트마스터즈 클럽은 매주 월요일 저녁에 주 1회 미팅을 하고 있다. 스피치 발표를 하는 것이 의무는 아니지만 나는 매달 1회 이상 발표를 하려고 노력한다. 지금까지 40회 이상 스피치를 했는데, 우리 클럽에서 가장 많은 스피치를 한 사람이 되었다.

운동은 정리해고 전후가 조금 달라졌다. 여러 개의 아르바이트를 하면서 아침 조깅이나 저녁 산책은 매일은 못 하고, 일을 안 하는 월요일, 화요일에 집중적으로 한다. 트레이더 조에서 하루에 9~10시간 일하고, 스타벅스에서 6~7시간 정도 일한 날은 걸음 수가 2만 5천 보를 훌쩍 넘기에 따로 걷기나 달리기를 하기에는 다리에 무리가 간다. 대신 수영 시간을 대폭 늘렸다. 아무 때나 갈 수 있도록 24시간 운영하는 수영장에 다닌다. 물속에서 수영을 하면 장시간 서 있던 다리 근육에 마사지를 받는 느낌이다.

취미 활동은 시간이 나는 대로 지속하고 있다. 하이킹과 캠핑을 즐겨 한다. 일주일에 두 번 저녁에 검도장에 가서 검도 수련도 이어가고 초급자를 가르치는 사범으로 봉사 활동도 한다.

주 15시간 아르바이트로 시작했던 트레이더 조에서 1년도 안 되어 매니저가 된 지금은 일주일에 5번 출근해 주 45~50시간 일하고, 스타벅스는 일주일에 3번 출근해 20시간 정도 일한다. 리프트는 처음에는 일주일에 20시간 정도 운전했지만, 다른 일들이 바빠지면서 지금은 짬짬이 시간이 빌 때만 운전을 하고 있다.

컨설팅까지 네댓 개의 일에 영어 공부, 운동, 자원봉사…. 이렇게 나열하고 보니 엄청난 것 같지만, 시간은 쪼갤수록 더 잘게 쪼갤 수 있다는 걸 경험했다. 시간이 없어서 못 할 건 없었다. 일단 시작했고, 시간을 조금씩 조절하면서 하다 보니, 내가 원하는 계획을 지금까지는 번아웃 없이 잘해오고 있다.

몸을 움직이며 바쁘게 살다 보니 오히려 그동안 쓰지 않던 내 몸의 기능을 쓰는 기분이어서 참 좋다. 새로운 것을 시작할 때면 늘 설렌다. 정리해고 후에 위축되지 않고, 바로 내가 하고 싶은 일을 찾아 차근차근 해나가는 나 자신이 대견하다는 생각이 들 때면 출근길 거울 속의 나를 보며 한껏 칭찬해준다.

앞으로의 미래는 솜사탕처럼 달콤하거나
캐시미어 스웨터처럼 따뜻하지 않을 수 있고
더 이상 일출처럼
예측 가능하지 않을 수도 있다.
하지만 확신한다.
더 흥미로운 모험으로 가득할 것임을.

시간 관리 장인 되기

내 얘기를 듣는 사람마다 가장 먼저 묻는 것이 있다 "하루를 48시간으로 사시네요. 잠은 안 자요?" 잠도 잘 자고, 운동도 꾸준히 하고, 친구들과 시간도 보낸다. 하루 24시간을 사는 건 누구나 똑같은데, 나는 이 많은 일을 어떻게 다 하고 있을까? 결국 시간 관리이다. 여기에 나의 시간 관리 비법 몇 가지를 공개한다.

제1원칙. 캘린더 운영

할 일을 모두 캘린더에 넣어둔다. 투 두 리스트to do list를 적는 것만으로는 부족하다. 다 못 하고 밀리는 일은 계속 밀리기 때문이다. 그러니까 그 일을 할 '시간'을 확보해야 한다. 언제, 누구와, 어떤 일을, 어디서 하는지 등에 대해 정확히 적어놓는다.

새로운 한 주를 시작할 때는 그 주에 할 일을 살펴보고, 효율적으로 시간과 동선이 잘 짜여 있는지 검토한다. 캘린더에는 카테고리별로 색상을 다르게 해서 미팅인지, 나 혼자 처리할 일인지, 이동 시간인지 등등을 자세히 적어놓는다. 캘린더를 적극적으로 활용하는 건 시간 관리의 시작이다.

제2원칙. 공백 줄이기

일정과 일정 사이에 생기는 빈 시간을 허투루 사용하지 않도록 공백 시간을 최대한 줄이고 '집중 시간'을 확보한다. 집중 시간을 위해서는 2시간 이상의 뭉텅이 시간이 필요한데, 이를 확보하기 위해 비슷한 일정끼리 모으는 일을 한다. 예를 들면 리프트 운전을 하다가 마트 근처에 지나게 될 때 장을 보는 것이다. 나 같은 경우는 트레이더 조에서 일하므로, 퇴근하면서 필요한 물건을 사면 된다. 동네 친구와의 약속은 근무시간 전후로 잡으면 이동에 드는 시간을 줄일 수 있다. 제일 아까운 것이 30분 정도의 공백이다. 뭘하기에는 짧고, 아무것도 안 하고 머리만 식히기에는 긴 시간이다. 할 일을 바로바로 연결해서 그냥 의미 없이 흘러가는 시간을 최대한 줄이자.

제3원칙. 동시에 할 수 있는 일은 묶기

멀티태스킹이 늘 좋은 것은 아니지만 동시에 할 수 있거나, 동시에 할 때 더 시너지가 나는 일들이 있다. 조깅을 하면서 오디오북을 들으면 조깅도 지루하지 않고 오디오북도 집중해서 들을 수 있어서 좋다. 운전하면서는 뉴스를 듣고, 요리를 할 때는 영어 공부를 할 수 있는 가벼운 유튜브 동영상을 듣는다. 수영을 하면서는 물속에서도 작동하는 헤드폰으로 음악을 듣는다. 평소 못 들었던 신나는 노래를 들으면서 스트레스를 물속에서 푼다.

제4원칙. 틈새 시간 활용

일과 일 사이에는 틈새 시간이 생긴다. 나는 이것을 '짬시간'이라고 부르는데, 이 짬시간에 할 수 있는 것들을 미리 생각해두면 정말 유용하다. 집에서 주차장까지 가는 길, 이때는 영어로 중얼거리는 연습을 한다. 아르바이트를 하다 보면 10분 정도 짧은 쉬는 시간이 있다. 이 시간은 구인 정보를 체크하거나 읽어야 할 글을 헤드라인만 읽으면서 저장해놓는다. 그러면 나중에 시간이 있을 때 집중해서 읽을 수 있다.

제5원칙. 충분한 휴식 시간 갖기

늦출 땐 맘껏 늦추는 날을 갖는다. 물론 미리 계획해서 날짜를 잡아두어야 한다. 이날은 시간 관리를 하지 않고 무한정 편히 쉬는 날이다. 일주일에 한 번이든 격주에 한 번이든, 아니면 한 달에 한 번이든 팽팽하게 당겨진 고무줄을 놓는 시간을 가져야 한다. 다이어트의 '치팅데이(간혹 맘껏 먹는 날)' 같은 격이다. 그래야 번아웃을 겪지 않는다.

매일을 한결같이 타이트하게만 산다면 '내가 무슨 영화를 누리겠다고 이렇게 숨도 못 쉴 정도로 빡빡하게 사는가?'라며 회의가들 수 있기 때문이다. 지속 가능하지 않다. 나는 한 달에 두 번 정도 늘어지는 날을 갖는다. 이날은 캠핑을 가거나 백팩킹을 가거나 영화를 본다. 아니면 집에서 한 발자국도 나가지 않는다. 다만어떻게 늘어질까 계획은 한다. 밥도 침대에서 먹으면서 '침대에서 16시간 이상 머물러보자, 밀린 드라마를 왕창 보자, 하루 종일300보 미만으로 걸어보자'와 같은 러프한 계획이다. 어떤 때는 하루를 영화의 날로 지정해서, 극장에 가서 아침부터 저녁까지 4~5개영화를 몰아보기도 한다. 물론 다음 날 스케줄에 여파가 없도록 너무 무리하지는 않는다.

PART 3.

1만 명을
만나고 온몸으로
배운 깨달음

신경과학자인 대니얼 레비틴Daniel J. Levitin이 처음 사용한 '1만 시간의 법칙'이란 용어는 어느 분야에서든 세계적인 수준의 전문가, 마스터가 되려면 거기에 1만 시간 이상을 투자해야 한다는 의미가 담겨 있다.

1만 시간의 법칙을 응용하여 나는 '1만 명의 법칙'을 만들어보겠다고 다짐했다. 1만 명을 만나보면 그중에 나의 인생 선생님이 있지 않을까? 하는 믿음에서다. 논어에 "세 사람이 함께 길을 가면 그 안에는 반드시 나의 스승이 있다"는 말이 있다. 하물며 1만 명을 만나면 얼마나 많은 스승을 만나겠는가?

1만 명 만나기 프로젝트를 했던 1년은 지난 30년 사회생활에 못지않게, 아니 그보다 훨씬 일상이 풍부하고 다채로웠다. 많은 사람을 만나는 만큼 세상을 바라보는 시야도 넓어지고 겸손해졌다. 1년 전의 나와 지금의 나는 전혀 다른 사람이다. 그러므로 다시 회사 생활을 시작한다면 일과 사람을 대하는 태도도 많이 다를 것이다. 나를 변화시킨 1만 명의 스승 그리고 온몸으로 일하며 배운 깨달음에 대한 이야기를 시작한다.

1

하루 5명,
운전대 앞에서 인생 스승을 만나다

트레이더 조와 스타벅스에서 일하면서도 사람을 만나지만, 리프트 운전사로서 사람을 만나는 것은 더욱 특별하다. 처음 만나는 사이면서 영원히 다시 만나지 않을 수도 있는 이 관계의 특징 때문에 굉장히 밀도 있는 대화가 오갈 때도 있다. 가족이나 친한 친구에게도 쉽사리 꺼내지 못할 얘기를, 모르는 사람이기 때문에 편하게 할 수 있는 것이다.

다양한 사람들을 태우고 다니며 인생을 배웠다. 내 차에 타서 대화를 나눈 승객 한 명 한 명이 모두 인생 스승님들이었다.

어느 날 갑자기 앞을 볼 수 없게 된다면?

운전을 시작하고 한 달 정도 되었을 때 시각장애인 한 명을 태우게 되었다. 그는 풋볼 코치였는데 3년 전, 공에 얼굴을 맞아 양쪽 눈 각막이 손상되었다고 했다. 긴급 수술이 필요했지만 팬데믹 기간 중 수술 일정을 바로 잡지 못해 안타깝게도 실명하게 되었다.

'왜 하필 나에게 이런 일이 일어났을까? 왜 하필 이런 때에 눈을 다쳤을까?' 하며 처한 상황에 불평하고 절망할 수도 있었지만, 그런다고 달라질 건 없다는 생각으로 버텼다고 한다. 지팡이를 짚고 걷는 연습을 하는데 너무나 힘들고 눈물이 나서 견디기 힘들었다고 했다. 부딪히고 넘어져서 멍이 가시기도 전에 새 멍이 들었고, 그런 모습을 걱정하는 주위의 시선조차 싫었다고 한다. 하지만 세 달 정도 연습하니 혼자 돌아다닐 수 있게 되었고, 요즘은 사고로 시각장애인이 된 사람들에게 상담을 해주고 있다고 했다. 8분 정도의 짧은 대화였지만 인간 승리를 주제로 한 영화 한 편을 본 것 같은 느낌이 들었다. 리프트 운전을 하지 않았다면 어떻게 이런 사람을 만나 대화를 나눈단 말인가?

일주일이 지나 우연히 그를 내려줬던 식당에서 저녁을 먹게 되었는데 다시 그를 만났다. 너무 반가워서 "Hi?"라고 인사하고 "지난주에 널 여기에 태워준 리프트 기사야"라고 얘기했더니 "아, 로이스?" 하며 내 이름을 기억하는 게 아닌가! 감동이었다. 그날은

'이런 사람을 만나기 위해 내가 리프트 운전을 시작했지'라며 행복한 저녁 식사를 할 수 있었다.

열심히 사는 이들에게 힘이 되고 싶어서

테크 회사들이 몰려 있는 실리콘밸리이고 구글 본사가 있는 마운틴뷰이지만, 내가 태우는 승객의 반 정도는 이민자 혹은 히스패닉 블루칼라 노동자이다. 패스트푸드점 직원, 간병인, 건설 노동자, 슈퍼마켓 노동자 등등…. 물론 그들에게 리프트는 비싼 교통수단에 속해서 매일 이용하지는 않는다. 물어보면 너무 피곤해서, 늦잠을 자서, 다음 일터까지 이동 시간이 빠듯해서 리프트를 이용한다고 했다.

40도가 넘는 더운 어느 날 오후 3시쯤에 젊은 히스패닉 여성을 타코벨(멕시코 음식을 파는 패스트푸드점) 앞에서 태웠다. 목적지는 이스트팔로알토. 예전에는 범죄가 많기로 유명했던 지역이었다. 몇 번 가보니 도로가 좁고, 꼬불꼬불하고, 표면이 제대로 보수되지 않아 여기저기 패여 있었다. 집들은 다른 팔로알토 지역에 비해 많이 낡았다. 운전을 하다 알게 되었는데 특히 시간제 노동자들이 많이 살고 있는 지역이다. 개인적으로는 이스트팔로알토를 오가는 승객으로부터 콜이 오면 오히려 더 기쁘게 달려간다. 일전에 태웠던 승객의 말이 떠오르기 때문이다.

"이스트팔로알토에서는 차 타는 게 너무 어려워요. 기사님들이 꺼려하시는지 잘 잡히지도 않고, 우연히 잡혀도 취소되더라고요."

리프트 운전을 하면 일종의 사명감이 생긴다. 어느 지역에서 콜 요청이 많다고 뜨면 '아, 출근이 늦었나 보다. 내가 빨리 가서 운전을 해줘야겠구나'라는 생각이 든다. 그날 내가 태운 여성은 타코벨 아르바이트생이었다. 고등학교 2학년 때부터 아르바이트를 시작했는데, 5년이 다 되어가는 지금은 어시스턴트 스토어 매니저가 되었다고 한다. 대학 생활도 병행하느라 아침 6시에 하루를 시작하는 게 고달프지만, 스스로 돈을 벌어 공부할 수 있는 게 좋단다. 이렇게 열심히 사는 친구들이 많다.

예쁜 마음 다치지 않게

식료품점 앞에서 콜이 들어왔다. 도착해보니, 카트 세 개 가득 물건이 산처럼 쌓여 있고 바닥에도 여러 개의 종이봉투가 늘어서 있다. 그 옆에는 한 여성이 지친 듯 쪼그리고 앉아 있었다. 이름을 확인하니 차를 부른 사람이 맞단다. 미안한 표정을 지으며 짐이 많으니 양해해달라고 했다. 문제없다고 말하고 차 트렁크, 뒷좌석과 앞좌석을 물건으로 가득 채웠다. 물건을 다 싣는 데에만 5분이 넘게 걸렸다. 나와 승객 두 사람이 탄 자리 말고는 물건으로 꽉 차서

차 안에는 조금의 여유도 없었다. 그렇게 목적지를 향해 운전을 시작했다.

무슨 식료품을 이렇게 많이 샀냐, 파티가 있냐 하면서 가볍게 질문을 던졌다. 승객은 피곤한 목소리로 이렇게 답했다.

"휴, 그런 즐거운 일이면 좋겠네요. 모두 아버지에게 필요한 것들이에요. 먹을 것과 휴지 같은 생필품들이죠. 한 달에 두 번씩 이렇게 장을 봐서 갖다드려요. 아버지 건강이 안 좋으셔서 집 밖으로 나오지 못하시거든요. 원래는 요양원에 모셨는데요, 거기 생활비가 너무 비싸더라고요. 저희 자식들이 감당할 수 없을 정도로요. 이제 혼자 살고 계시니 이렇게 음식을 조달하지 않으면 집에서 아무도 모르게 돌아가실지도 몰라요."

고달파 보였지만 아버지를 돌보는 마음이 예뻤다. 가족 간의 연결이 끊어지고, 거리에는 누구도 돌보지 않는 홈리스들이 넘치는데 이렇게 부모님을 위해 고생을 마다하지 않는 모습이 참 좋아보였다. 목적지에 도착하니 밖에서 봤을 때 아주 허름해 보이는 집이 보였다. 현관 가까이 차를 세우고 물건들을 하나하나 꺼내어 함께 날랐다. 이번에도 5분이 넘게 걸렸다. 승객은 연신 고개를 숙이며 고맙다고 말했다. 2주에 한 번씩 장을 보고 우버나 리프트를 타지만 나처럼 짜증내지 않고 짐까지 옮겨주는 운전사는 처음 봤다고 했다.

　나는 신경 쓰지 말라는 손짓을 하면서 "Take care. Bye!" 하고 인사하며 헤어졌다. 다시 차를 몰아 나가는데 '띠링!' 하는 알람이 들린다. 팁이 들어왔다는 소리다. 3달러. 팍팍하게 살고 있는 사람에게 팁을 받으니 더 고맙기도 하고 미안하기도 했다.

　리프트 운전은 시간과의 싸움이다. 아무리 바쁘게 움직여도 1시간에 움직일 수 있는 거리가 정해져 있고 태울 수 있는 사람 수도 한정적이다. 그래서 일분일초가 소중하다. 운전사들이 무척 싫어하는 것 중 하나가 승객이 제시간에 나타나지 않아 기다리는 것이다. 그리고 또 하나가 승객이 타고 내릴 때 시간을 오래 끄는 것이다. 휠체어를 탄 사람이나 아이 카시트를 가지고 다니면서 장착해 달라는 승객을 안타깝게도 환영하지 않는다.

　짐을 싣고 내리는 데에 10분 이상 소요됐던 그 승객은 여태껏 늘 운전사 눈치를 보았고, 말로는 내색하지 않더라고 한껏 찡그린 운전사의 표정을 보아왔을 것이다. 다른 사람의 어려움을 기꺼이 도울 수 있는 마음의 여유를 지닌 사회는 나 자신부터 만들 수 있다는 걸 그날 배우게 됐다.

10분 진로상담도 가능해요!

한 청년을 팔로알토 다운타운에서 픽업했다. 목적지는 '로스알토스힐스'라는 부자 동네였다. 밖에서는 집이 보이지 않을 만큼 넓은 마당이 있는 집들이 대부분인 곳이다. 그는 파란색 반팔 셔츠에 같은 색상의 긴 바지를 입고 있었다. 의료인들의 유니폼이었다.

"카일, 맞나요? 로스알토스힐스로 가시죠?"

이름과 목적지를 확인하고 출발했다. 오늘 하루가 어땠는지 물으며 대화를 시작한 다음, 혹시 간호사냐고 물어봤다. 카일은 아직 간호사는 아니고 실습생이라고 했다.

"저는 영문과 4학년에 재학 중인 학생이에요. 그런데 잘 아시다시피 영문과를 졸업하면 직업을 구하기 쉽지 않잖아요. 3학년이 되면서 일자리에 대한 스트레스가 커졌어요. 어서 부모님으로부터 독립해야 하는데 막막했죠. 그래서 간호사라는 직업은 어떨지 체험 중이에요. 전공과는 전혀 다르지만요."

룸미러로 살짝 보니 동양계 모습인 그는 진지한 표정으로 창밖을 내다보고 있었다.

"사실 좀 겁나요. 내가 좋아하는 일, 내 적성에 맞는 일을 찾아야 하는데 잘될지 모르겠어요. 잘못 선택했다가 괜히 시간만 낭비하는 게 아닐까 싶고요. 부모님은 저에게 큰 기대를 걸고 계신데, 실망하실까 봐 이런 고민을 털어놓는 것도 쉽지 않네요."

나는 그런 카일에게 아들 이야기를 해주었다.

"내 아들이 지금 26살인데, 음악을 좋아해서 음대에 갔고 지금은 대학원에 다니고 있어요. 카일도 잘 알다시피 음악을 하는 사람들도 일자리를 구하는 게 쉽지 않잖아요? 그 아이도 직업에 대한 고민이 많아요. 그런데 난 내 아들에게 이렇게 말해요. '실패를 두려워하지 말고 젊을 때 많은 걸 시도해봐야 해. 너희 세대는 기대수명이 100살에 가까울 텐데, 서른 살도 되기 전에 길을 정해버리고 70년 넘게 한 가지 일만 계속한다면 얼마나 재미없겠니? 그러니 이런 것도 해보고 저런 것도 해봐. 잘 안돼도 거기에서 분명 무언가 배울 수 있을 거야. 인생에 100% 실패란 없어.' 카일에게도 같은 말을 해주고 싶네요."

내 말을 들은 카일은 고개를 끄덕였다. 그러면서 부모님과도 할 수 없는 얘기를 택시 안에서 처음 만난 운전기사와 하게 될 줄은 몰랐다며, 스트레스가 좀 풀린다고 고맙다고 했다. 뿌듯한 마음으로 차를 돌려 나오는데 전화기에서 '띠링!' 하는 알람이 울렸다. 학생이라 돈도 없을 텐데 팁을 8달러나 주었다. 아, 내 얘기가 도움이 되었나 보다 생각했다. 이런 게 새로운 사람을 만나는 재미이고 보람 아닐까.

동병상련, 나와 같은 사람을 만나다

리프트 운전을 시작한 지 2주 정도 되었을 때다. 토요일이었고, 저녁 무렵이라 콜이 많이 들어왔다. 팔로알토의 조용한 주택가에서 중년 남성을 태웠다. 뉴스에 나오는 이야기를 하면서 나도 모르게 테크업계에 대한 얘기를 많이 했었나 보다. 승객이 갑자기 "기사님은 꼭 IT 회사에 다니는 사람 같네요. 운전이 본업이세요?"라고 물었다.

굳이 내가 정리해고됐다는 무거운 이야기를 꺼낼 필요는 없을 것 같아, "얼마 전까지 인터넷 회사에 다녔는데 지금은 안 다니고 있어요"라고 말했더니 "혹시 기사님도 정리해고 대상이셨나요?" 하며 조심스레 묻는다.

그렇다고 답하니 승객은 긴장을 좀 푼 표정으로 말을 이어갔다.

"저는 인텔에 다니다가 이번에 정리해고되었어요. 신입사원으로 입사해 35년을 다닌 회사에서요. 처음에는 실감이 안 나더군요. 인텔이 나를 해고했다는 것도, 아침에 출근할 직장이 없어졌다는 것도. 그런데 35년 일했으면 충분히 오래 일한 게 아닌가 하는 생각이 들더라고요. 열심히 일했으니 이제 쉴 때가 되기도 했죠."

이제 그는 정리해고를 편하게 받아들이고 있다고 했다.

"저와 같은 생각이시네요. 저 역시도 처음에는 실감이 나지 않더라고요. 그런데 시간이 지나면서 내가 회사를 그만두지 못할 거 같으니 회사가 먼저 손을 놓아준 것 같다는 생각이 들었어요. 생각을 고쳐먹은 뒤로는 이렇게 리프트 운전도 하고, 아르바이트도 하면서 여러 사람을 만나고 있죠. 중년에 접어들었으니 인생의 풍부함을 경험하라고 시간을 준 게 아닐까 해요."

목적지까지 10분 정도 인생에 대해 이야기하고, 은퇴 후에 어떻게 시간을 보낼 것인지에 대해서도 대화를 이어갔다. 자원봉사에 관심을 보이기에 내가 하고 있는 시니어센터 배식 봉사도 소개했다. 실리콘밸리에 정리해고 바람이 분 탓에 이런 사람도 만나는구나 싶었다. '35년 다닌 직장에서 정리해고된 사람의 마음은 어떨까? 16년 다닌 건 별것도 아니구나' 하며 스스로 위로 아닌 위로도 했다.

일에서의 성공, 더 높은 자리, 더 많은 돈만 바라보며 살면 한순간에 허무함이 찾아올 수도 있다. 그와 나처럼 말이다. 최선을 다해 일하는 것은 중요하지만 직장과 나를 동일시하지 말고 다양한 측면에서 인생 계획을 세울 줄 알아야 한다고, 그러기 위해서는 주변을 두루 둘러보며 폭넓게 사람을 만나고 세상을 깊이 바라보는 눈을 갖춰야 한다고 후배들에게 조언하고 싶은 날이었다.

구글 컨퍼런스 주최자 vs. 운전사

리프트 운전을 시작하고 석 달째, 그러니까 2023년 5월 둘째 주에 있었던 일이다. 매년 그 무렵 구글은 'Google IO 컨퍼런스'라는 회사에서 가장 큰 행사를 쇼라인 앰피시어터라고 불리는 본사 야외 행사장에서 개최한다. Google IO 컨퍼런스는 1년 동안 준비한 구글의 혁신적인 제품을 발표하는 장이다. 세계 최고의 IT 회사 구글이 여는 가장 큰 연중 행사이니 개발자들과 크리에이터, 미디어들이 세계 각지에서 몰려온다. 예년 같으면 이 행사의 커뮤니케이션을 준비하는 코어 팀 중 한 명으로 정신없이 바빴을 거다. 야외 행사장과 본사 캠퍼스를 바쁘게 오가면서 땡볕에 얼굴이 검게 그을리는 것도 잊은 채 말이다. 그렇게 딱 1년 전 오늘 나는 저 안에 있었다.

그런데 1년 뒤, 나는 구글 캠퍼스로 가는 리프트 택시의 운전석에 앉아 있다. 그날 나는 Google IO 컨퍼런스에 참석하는 싱가폴 유튜브 크리에이터 두 명을 태웠다. 뒷자리에 앉은 두 승객은 잔뜩 들뜬 목소리로 행사에 대해 이야기하고 있었다.

'나 그 얘기 아는데, 그 제품 아는데' 하며 입이 근질근질했다. 한편으로는 '지난해에 나는 저 행사장 안에 있었는데, 이제는 밖에 있네' 하는 생각이 들어 씁쓸했다. 구글에서 정리해고를 당한 첫 주를 빼고는 너무 바빠서인지 정리해고에 대해 어떤 감정을 느낄 틈이 없었다. 그런데 이날은 달랐다. 사람 앞날은 정말 알 수가 없구나 싶어 가슴이 먹먹했다. 기분을 전환해야 했다. 나는 밝은 목소리로 뒷자리에 앉은 승객들과 대화를 시작했다.

"구글 캠퍼스에 와본 적 있으신가요? 제가 이 주변을 잘 알거든요. 저기 큰 건물 보이시죠? 얼마 전에 새로 생긴 건데요, 시간 되면 꼭 들러보세요. 그리고 마운틴뷰에서 꼭 가봐야 할 식당이 있는데요…"라며 승객과 얘기하면서 마음이 차분해졌다. 그제야 비로소 나는 정리해고당했다는 우울한 감정을 뒤로 하고, 구글에서 쌓았던 경험과 배움을 차곡차곡 담은 채 새로운 챕터로 넘어가고 있었다. 홀가분했다. 영어로 하면 I am over it!이다.

누구나 삶을 전환하는 시기를 겪는다. 나처럼 정리해고로 인한 실직이 전환의 계기가 될 수도 있고, 건강 문제 혹은 결혼이나 이혼, 출산과 육아 등 가족 문제가 계기가 될 수도 있다. 한 가지 공통점은 예상치 못하게, 갑자기 찾아와 크게 내상을 입힌다는 것이다. 아무리 대단한 사람이라도 삶의 전환기를 환영하기는 어렵다. 하지만 현명하게 넘길 수는 있다. 한 걸음 더 나아가고 성숙할 수 있는 기회로 삼으면서 말이다.

삶의 전환기를 맞아 휘청이는 사람들에게 이렇게 말하고 싶다.

'좀 더 자신에게 친절해지세요. 몰아붙이지 말고, 내가 좋아하는 것을 찾고, 에너지가 자연스럽게 새로운 호기심을 향해 나아가도록요.'

그런 마음으로 오늘도 나는 동네 마트에서 과일 피라미드를 쌓고, 커피숍에서 예쁜 하트가 올라간 라떼를 만들기 위해 연습하고, 어떤 손님이 나를 찾을까 기대하며 운전을 한다. 그렇게 새로운 사람을 만나며 호기심을 채우고 삶의 전환기를 가꿔간다.

2

Z세대를 넘어 알파세대와 우정 쌓기

스타벅스에는 나와 근무시간이 겹치는 동료들이 서너 명 있다. 아침 출근 시간이나 오후 2시 학교가 끝나는 시간에는 쏟아지는 주문을 처리하고 음료를 만드느라 너무 바빠서 서로 이야기를 나눌 틈이 없지만 러시아워가 끝나면 주문과 주문 사이에 짧은 잡담을 나누기도 한다.

매장 문을 닫고 다음 날 아침 준비를 하는 시간에는 동료들끼리 대화가 끊이지 않는다. 이렇게 1년 가까이 지내다보니 이제는 집에도 초대할 만큼 많이 친해졌다.

20대와 50대, 친구가 될 수 있을까?

스타벅스의 바리스타는 주로 20대이다. 나와 함께 일하는 동료들도 10대 후반부터 20대 중반까지의 젊은 친구들이다. 열아홉 살인 리타는 나이는 제일 어리지만 직급은 제일 높다. 고등학교를 졸업하고 갭이어를 하고 있는 그는 우리 시프트의 리더이다. 시프트 슈퍼바이저 리타를 중심으로 대학교 2학년인 크리스티, 고등학교를 졸업하고 대학입시를 준비하는 루이 그리고 나 이렇게 넷이 주로 클로징이라고 하는 오후 시간대와 매장 마감을 맡는다.

내가 직장 생활을 하면서 깨달은 점 중 하나는 동료들과 좋은 관계를 유지해야 오래, 즐겁게 일할 수 있다는 것이다. 그런데 이번에는 쉽지 않아 보였다. 고등학교 친구들과 선생님 얘기로 깔깔대며 웃고, 어느 아르바이트 자리가 근무 조건이 좋은지 심각하게 이야기하는 세 사람을 보며 공감대를 형성하기 어려우면 어쩌나 걱정했다. 그들과 다른 문화권에서 10대와 20대를 보낸 내가 끼어들 틈이 없어 보였기 때문이다. 처음 며칠은 '나를 50대 나이 든 아줌마 취급하면서 말도 안 걸어주면 어쩌지? Z세대를 넘어 알파세대에 가까운 그들이 하는 말을 못 알아듣고 사오정처럼 혼자 딴소리하면 얼마나 창피할까?' 하면서 걱정도 많이 했다.

하지만 괜한 생각이었다. 세 사람은 나이를 초월해 나를 동료로 대해주었다. 클럽 간 이야기, 남자친구와 여자친구와 데이트한 이야기를 할 때는 내가 있는 것이 불편하지 않을까 싶은데 스스럼없이 대해줘서 참 좋다.

세 사람도 나를 잘 받아주었지만 나도 마음을 열고 그들에게 다가가려고 노력했다. 한 번은 리타, 크리스티, 루이를 우리 집으로 초대해 한식 파티를 열었다. 김밥, 해물파전, 고추장 불고기, 삼겹살을 준비해서 쌈을 싸먹는 법을 알려주고, 파전을 멋지게 뒤집는 법도 가르쳐주면서 즐거운 시간을 보냈다. 세 사람은 스타벅스에서 몇 년을 일했어도 근무시간이 끝나고 동료와 함께 시간을 갖는 것은 처음이라며 초대에 감동했다.

그날 밤 늦게까지 이야기를 나누며 서로에 대해 더 잘 알게 되었다. 특히 열아홉 살의 시프트 슈퍼바이저 리타의 스토리는 단연 관심을 끌었다.

응원하고 싶은 열아홉, 리타의 이야기

리타는 열여섯 살에 타코벨에서 첫 아르바이트를 시작해 6개월 경험을 쌓고, 스타벅스로 옮겨 바리스타가 되었다. 매장 규모가 커서 동 시간대에 일하는 동료들도 많고, 슈퍼바이저가 될 기회를 잡을 수도 있어서 스타벅스를 택했다고 한다. 그는 아르바이트를 시작한 지 2년 만에 시프트 슈퍼바이저가 되었다.

시프트 슈퍼바이저는 보통 3~4명의 바리스타를 관리한다. 같은 시프트에 근무하는 바리스타들의 업무를 할당하고, 식사 시간과 휴식 시간을 계산해 빈 포지션이 생기지 않도록 업무 로테이션을 계획한다. 또 가장 궂은일인 설거지, 재료와 얼음 리필하기, 청소 등도 맡는다. 카운터를 마감하면 그날 매출을 계산해서 시스템에 넣고, 매장 문단속을 하는 것도 시프트 슈퍼바이저의 일이다. 리타는 매장 보안 알람을 설정한 뒤 맨 마지막에 퇴근한다.

사람 리소스를 관리하는 법을 배우고 싶어서 리타는 스타벅스의 시프트 슈퍼바이저가 되었다고 했다. 슈퍼바이저 역할을 맡은 지는 2년 정도 되었는데, 매장 상황을 파악하고, 사람들을 적재적소에 알맞게 배치하고, 바리스타 트레이닝까지도 하는 일이 너무 재미있단다. 리타의 꿈은 군인이 되어 부대를 통솔하는 것인데, 훗날 스타벅스에서 사람과 팀을 매니징한 경험이 큰 도움이 될 것 같아 더 열심히 일하게 된다고 했다. 그의 말이 맞았다. 회사에서 리더 역할을 맡길 때 팀 관리 경험이 있는 리타 같은 직원은 그런 경험이 없는 사람에 비해 훨씬 신뢰가 갈 것이다.

미국인 동료들이 빠르게 승진했던 이유

외국계 회사에서 일하며 유난히 승진이 빠른 미국인들을 여럿 봤다. 그때마다 인물의 면면을 제대로 들여다보지도 않고 '아, 미국 애들은 승진 기회가 더 많구나. 이건 차별 아닌가?' 하며 불평을 했었다. 그런데 스타벅스에서 일하는 20대 청년들을 보니 생각이 달라졌다. 그들은 신입이지만 신입이 아니었던 것이다. 리타처럼 어린 나이에 조직 생활을 경험하고, 사람과 팀을 관리해본 경험이 있는 사람은 출발선 자체가 달랐다.

리타는 열아홉 살이지만 이미 부모님으로부터 독립해 친구들과 살고 있다. 월 600달러의 방세와 생활비를 스스로 벌고 있고, 대학 등록금도 모으고 있다고 했다. 한국인의 시각으로 '집안 사정이 어려운가?' 생각도 했지만, 알고 보니 아버지가 테크 기업의 임원이셔서 부유한 환경에서 자란 친구였다.

이렇게 다양한 경험을 하며 독립적이고도 치열하게 10대를 보낸 사람과 좁은 교실에 갇혀 대학입시에만 몰두하는 우리나라의 10대가 동시에 사회에 나오면 경쟁이 될까? 우리나라의 청년들이 10대와 20대 때만 얻을 수 있는 중요한 삶의 교훈을 입시 준비하느라 모두 놓치는 것이 참 안타깝다는 생각이 들었다.

3

스타벅스와 트레이더 조의
시스템에서 배우다

'고객을 직접 만나 내가 판매하는 상품을 이용하는 모습을 보고 싶다. 그렇게 최전방 커뮤니케이터로서 열정을 되살리고 싶다'는 생각으로 트레이더 조와 스타벅스에서 일하기 시작했고, 1년이 조금 넘는 시간 동안 열심히 일하며 수많은 고객들을 만났다. 내가 제공하는 서비스에 만족하는 고객들의 표정을 통해 나는 일의 기쁨과 보람을 느꼈다. 바쁜 일상 덕분에 정리해고로 인한 상처에서도 벗어났다.

　그리고 덤으로 얻은 것도 있었다. 직원과 고객들로부터 사랑받는 회사들이 가진 시스템과 문화를 경험한 것이다.

스타벅스의 놀라운 업무 효율성과 표준화 시스템

스타벅스 바리스타들은 앱을 통해 근무 스케줄을 조절한다. 우선 바리스타 각자가 본인이 일할 수 있는 시간대를 앱 스케줄표에 표시한다. 그러면 스토어 매니저가 그 안에서 근무시간을 설정해준다. 물론 매일, 매주 달라지는 건 아니고 본인이 원하는 기본 근무시간을 세팅해두면 별일 없는 한 그 안에서 비슷하게 진행된다.

내가 처음 바리스타를 지원했을 때 나는 오후 근무를 하고 매장 문을 닫은 후 클로징을 맡는 바리스타로 있었다. 그래서 목, 금, 토, 일 오후 2시부터 7시 30분을 기본 세팅으로 하고 앞뒤로 1시간 일찍 출근하거나 일찍 퇴근하도록 설정해두었다.

바리스타 앱에서 스케줄 관리를 하기는 쉽다. 특히 개인 스케줄이 갑자기 생겨서 일을 하지 못할 때 유용하다. '스와프 시프트(근무시간 교환하기)'라는 메뉴가 있는데 여기에 교환하고자 하는 날짜를 올려놓으면 그때 출근할 수 있는 다른 바리스타가 그 신청을 픽업한다. 클릭 하나로 정말 간단하게 근무시간이 교환된 것이다. 일하는 사람 입장에서는 자리를 비울 일이 생겼을 때 매니저의 눈치를 보거나 대타를 구하기 위해 전전긍긍하지 않아도 되고, 매장 입장에서는 바리스타 개인 스케줄에 지장을 받지 않고 운영할 수 있어 좋다. 서로 일을 대신해주는 스와프는 한 매장 안에서만 일어나는 게 아니다. 옆 동네 다른 매장들과도 서로 지원 근무를 할 수 있다.

내가 근무하는 어느 날 오전에 매니저의 전화를 받았다. 매장의 하수구가 막혀서 오늘 오후는 문을 닫는다는 것이다. 그러면서 원하면 근처에 있는 다른 스타벅스 매장으로 가서 일하면 된다고 했다. 7~8분 정도 떨어진 옆 동네 스타벅스 매장이었다.

그곳에서도 아이패드로 접속해 같은 사번을 넣고 출근 기록을 하면 되었다. 주문, 음료 제조, 매장 관리 등 업무도 동일했다. 스타벅스는 메뉴와 음료 제조 매뉴얼은 물론 쓰레기통, 행주, 화장실의 휴지, 빗자루와 쓰레받기까지 전 매장이 동일하다. 이러한 완벽한 표준화 덕분에 한 번 훈련을 마친 바리스타는 어느 매장에 가더라도 일할 수 있다. 그냥 본인 앞치마만 둘둘 말아 들고 출근하면 된다.

직장에 다니면서 급한 일이 있는데 자리를 비울 수 없어 괴로웠던 경험이 누구나 있을 것이다. 책상 앞에 앉아 있으면서도 생각은 다른 곳에 가 있는, 몸 따로 마음 따로인 상태. 그럴 땐 나도 힘들고 동료들도 고통스럽다. 표준화되고 일관된 시스템은 직원들이 편안한 마음으로 일할 수 있게 한다. 내가 자리를 비워도 매장 운영에 아무런 지장이 없다는 것을 알기 때문에 휴가를 낼 때 눈치를 보거나 혹여 다른 동료들에게 피해주지 않을까 염려하지 않아도 된다.

트레이더 조도 HR 시스템이 있다. 크루 개개인이 일할 수 있는 시간을 이 시스템에 입력해놓으면 스케줄 관리 매니저가 향후 2주까지의 근무 스케줄을 확정해서 시스템에 업데이트한다. 만약 3주 뒤에 휴가를 갈 계획이 있다면 스케줄표에 휴가 계획을 적으면 된다. 그럼 근무시간이 할당되지 않는다.

크루는 언제든 일을 쉴 수 있다. 아르바이트 직원도 최장 30일 동안이나 눈치 보지 않고 휴가를 내도 된다! 단 하루를 휴가 쓸 때도 눈치 봐야 하고, 한 달 정도 여행을 가려면 일을 그만두어야 하는 다른 곳의 아르바이트생들이 가장 부러워하는 트레이더 조만의 유연한 휴가 시스템이다. 물론 이 시스템을 통해 클릭 한 번으로 직원들끼리 근무시간을 교환하는 것도 스타벅스처럼 쉽게 이루어진다.

트레이더 조 매장은 시간차를 두고 하루에 일하는 사람이 80~90명이지만, 그 1.5배수인 총 150명가량을 상시 인력풀로 충분히 확보하고 있다. 또 매장 내의 모든 크루는 캐셔를 포함해서 15개 제품 섹션에서 순환 근무하기 때문에 매장에 있는 전 제품에 대해 알게 된다. 그야말로 모든 크루가 스포츠팀에서 다양한 역할을 할 수 있는 '올라운드 플레이어'가 된다. 이렇게 모든 크루가 어느 제품 섹션에 배치되어도 일을 잘할 수 있기에 교환 근무가 가능하다. 충분한 인력과 표준화된 업무 방식 덕분에 누구나 바라는 '일할 땐 일하고, 쉴 땐 쉬는 문화'가 실현될 수 있는 것이다. 그만큼 일에 대한 만족도도 높아질 수밖에 없다.

트레이더 조 조직의 또 다른 장점은 '임파워먼트(동기부여)'이다. 제품 섹션에는 매대를 총괄하는 '섹션리드'가 있다. 섹션리드는 크루 멤버 중에서 선발되는데 재고 파악 및 제품 주문, 제품 디스플레이를 주 업무로 하는 중요한 자리이다.

트레이더 조에서 근무한 지 6개월 만에 나는 스토어 매니저로부터 쿠키·캔디 섹션의 리드를 맡아달라는 제안을 받았다. 보통 크루로 3~4년 정도 일했을 때 섹션리드 제안을 받는다고 들었는데, 성실하게 일한 보상을 받는 것 같아 무척 기뻤다. 6개월 일한 아르바이트생에게 제품 주문과 진열, 재고관리 등 매장 운영에 중요한 의사결정을 맡기는 매장이 얼마나 될까? 이렇게 강력한 동기부여가 있기 때문에 트레이더 조에서는 시급제 아르바이트생도 책임감을 가지고 열심히 일한다. 구성원 한 명 한 명이 성장하는 만큼 기업도 성장한다. 트레이더 조에서 일하며 책에서 본 경영론을 생생하게 체험할 수 있었다. 직원 개인의 성장이 있고 이를 기반으로 조직의 성장이 있을 때 진정 탄탄하고 건강한 조직이 된다는 오래된 이론 말이다.

4

세심한 배려와 존중이란 이런 것

2009년, 우버가 열어젖힌 차량 공유 서비스 시장은 운전사를 확보하랴, 승객을 확보하랴 지금도 치열한 경쟁이 벌어지고 있다. 특히 기업 입장에서는 운전사를 많이 확보하기 위해 온 힘을 쏟는다. 운전사가 많이 확보되지 않으면 승객 콜을 빠르게 받을 수가 없고, 그러면 승객들은 경쟁사로 넘어가버리기 때문이다.

미국의 공유 차량 이용자 대부분은 우버와 리프트 앱 두 개를 켜고 더 빨리 배차가 되는 쪽 혹은 더 저렴한 요금을 제시하는 쪽을 선택한다. 이렇게 클릭 한 번으로 다른 서비스로 갈아타버리는 경쟁이 치열한 마켓이다. 고객들에게 브랜드 충성도 같은 것은 거의 없다.

내가 운전사로 활동하는 리프트는 '다양성 존중'을 차별점으로 내세운다. 우버는 사업 초창기 경영진이 직장 내 성희롱과 남녀차별 문제를 정직하게 처리하지 않아 기업 윤리성 문제가 도마에 오른 적이 있다. 이런 부정적인 기업 이미지를 갖고 있는 우버와는 달리 리프트는 다양한 문화를 존중하는 것으로 알려져 있다. 리프트의 운전사 교육 동영상에는 다양한 피부 색깔의 각기 다른 억양을 가진 사람들이 등장하고, 리프트는 여러 가지 교통약자 지원 프로그램을 운영한다.

리프트 운전을 하면서 승객을 만나는 것 이외에 운전사로서 리프트라는 회사를 가까이에서 들여다볼 수 있었다.

가치 지향적인 회사

리프트는 환경보호와 교통약자 지원이라는 가치를 시스템에 녹여 운전사들이 자연스럽게 동참하도록 한다. 전기차 운전자의 경우 할인가에 충전을 할 수 있고 특별 보너스도 받는다. 전기차로 일주일에 50회 운행을 마치면 150달러의 현금 보너스를 준다.

리프트 예비 운전사가 받는 교육 중에는 교통약자 보조 교육이 포함되어 있다. 교육에서 강조하는 건 장애가 있는 승객을 대할 때 어떤 도움이 필요할 거라고 미리 단정하지 말라는 것이다. 무턱대고 먼저 손을 잡고 부축하는 행동은 자존감을 훼손할 수 있기 때문에 "도움이 필요하신가요?"라고 묻고 나서 행동해야 한다. 휠체어와 보행 보조기를 접고 펴는 방법과 차에 싣는 방법도 배운다. 교통약자 승객들이 차에 타고 내릴 때는 세심한 주의가 필요하고 승하차 시간도 더 필요하므로 해당 승객을 태운 운전사에게는 특별 보너스가 제공된다.

리프트 운전을 하고 서너 번 정도 휠체어를 탄 어르신을 태운 적이 있다. 몸은 불편하지만 친구들을 만나고 시니어센터에 나가는 등 활동적으로 사시는 모습이 참 보기 좋았다. 젊은 사람들 불편하게 한다며 밖에 나가기 주저하시는 우리나라 어르신들의 사연이 생각나서, 우리나라에서도 어르신들이 남 눈치 보지 않고 외부 활동을 즐겁게 하시면 좋겠다는 생각을 했다.

다양한 프로그램과 리워드를 제공하는 회사

리프트는 운전사 앱을 통해 운전사의 수익성을 극대화할 수 있는 유용한 정보를 발 빠르게 제공한다. 앱에는 무슨 요일, 몇 시, 어디로 운행하러 가는 게 좋을지에 대한 정보가 운전사들에게 제공된다. 동네별 대기시간도 어디는 1분, 어디는 5분 이런 식으로 한눈에 보여준다. 주변에 공항이 있다면 시간대별로 몇 명의 승객이 비행기에서 내리는지도 알려준다.

또한 리프트에는 멘토 시스템이 있다. 리프트 운전을 처음 시작한 운전사가 잘 정착하도록 동료들이 각종 팁을 주고 질문에 답을 해주는 시스템이다. 좋은 평점을 받았고 꾸준한 운행 기록이 있는 운전사라면 누구나 멘토가 될 수 있다. 멘토로 활동하면 장려금도 받는다. 나 역시 처음 운전을 시작할 때 얼굴도 모르고 어디에 사는지도 모르는 멘토의 도움을 받았다.

이외에도 타이어나 오일 교환 같은 차량 유지비 할인 프로그램, 차는 없지만 운전을 시작하고 싶은 사람을 위한 차량 렌트 서비스도 제공한다.

운전자의 웰빙을 돕는 회사

리프트 앱에는 반경 몇 마일 이내에서 이동하는 승객만 받을 수 있도록 영역을 지정할 수 있는 옵션이 있다. 나처럼 시간이 날 때마다 짬짬이 운전을 하는 사람에게 이 기능은 아주 유용하다. 가까운 거리 안에서 잠깐 활동하고 빠르게 일터나 집으로 돌아올 수 있기 때문이다.

또 마지막 운행을 하고 최종 목적지로(대부분은 집) 갈 때는 방향이 같은 승객의 콜만 받을 수 있다. 최종 목적지에 도착하고 싶은 시간도 설정할 수 있는데, 그럴 경우 그 시간 안에 운행을 마칠 수 있는 승객의 콜만 배정된다.

운전자들이 휴식 시간 없이 무리하게 장시간 운전하지 않도록 웰빙을 장려하는 기능도 있다. 3시간 내내 운전을 하면 앱에 '휴식을 취하라'는 알림이 계속 뜬다.

5

저는 평생 PR을 해왔습니다만, 이곳은 PR을 하지 않는다고요?

1967년, 캘리포니아에 첫 매장을 연 트레이더 조는 미국 전역에 550여 개의 매장을 운영하고 있는 슈퍼마켓 체인이다. 월마트나 세이프웨이 같은 대형마트의 작은 버전이라고 생각할 수도 있겠지만 비즈니스의 지향점이나 운영방식이 다른 대형마트와는 완전히 다르다.

트레이더 조는 '동네 마트'가 되는 것을 목표로 하고 있다. 쇼핑하다가 길을 잃지 않을 정도의 아담한 매장 사이즈, 프린터로 출력하지 않고 일일이 사람이 손 글씨로 적은 가격표는 이곳만의 특징이다. 나는 트레이더 조를 이용할 때마다 '유기농 채소를 이런 가격에도 살 수 있구나!' 하며 착한 가격에 감동했고, 이곳에서만 살 수 있는 다양한 PB상품(Private Brand, 유통업체가 자체 개발한 상품)을 접하면서 '오, 이런 제품도 있었네!' 하며 발견하는 즐거움을 느꼈다.

크루가 되기 전부터 트레이더 조의 팬이었던 나는 이곳에서 일하며 '찐팬'이 되어버렸다. 트레이더 조니까 볼 수 있는 제품뿐 아니라 이 회사가 고객을 대하는 방식 때문이다.

PR을 하지 않는 회사

첫 출근을 3일 앞두고 오리엔테이션을 받았다. 오리엔테이션 첫날, '우리 회사는 다른 회사랑 이런 면에서 다릅니다'라는 제목의 슬라이드를 보았다. 온라인 판매를 하지 않는다, 배송을 하지 않는다, 할인 이벤트를 하지 않는다, 제품 진열 판촉비를 받지 않는다, 교환이나 환불 시 이유를 묻지 않는다 등등 여러 가지가 있었는데, 내 눈에 확 띈 한 줄이 있었다.

"우리는 PR을 하지 않는다. 우리의 가장 큰 PR은 질 좋은 제품 그 자체이다."

30년간 PR로 먹고살아온 사람인 나에게 충격적인 문구였다. 제품이 좋으면 PR을 안 해도 입소문이 나기 때문에 제품에 올인 한다는 것이다. 16년이나 있었던 구글에서도 가장 중요한 건 제품이라고 했지만 PR을 굉장히 중요하게 생각했다. 구글 초창기에는 마케팅 조직보다 PR 조직이 더 컸을 정도였다. 그렇게 PR 역할을 중요하게 생각했던 회사에 있다가 PR이 필요하지 않다는 기업을 보니 당황스러움을 너머 황당하기까지 했다.

그러나 1년을 트레이더 조에서 있다 보니, 이 말의 진정한 뜻을 이해할 수 있었다. 좋은 제품을 선별하여 판매하고, 고객이 거기에 만족하여 다시 찾는 것이 가장 효율적인 PR 활동이라는 뜻이었다. 트레이더 조도 마케팅이나 언론 홍보를 한다. 다만 그린 활동에 전적으로 의지하지 않을 뿐.

가장 좋은 PR은 입소문이고, 진심으로 제품에 만족한 고객이 가족, 친구, 동료들에게 또 그들의 SNS에 소문을 낸다면 그것이 가장 효과 있는 마케팅이고 PR이다. 트레이더 조에 대해 공부하려고 도서 검색을 했더니 트레이더 조 일반 고객이 자기가 좋아하는 트레이더 조 제품에 대한 소개를 쓴 책이 있어서 놀라기도 했다. 열성적인 고객들이 운영하는 트레이더 조 제품 웹사이트가 있을 정도이다.

실제로 트레이더 조의 입소문 파워를 느낀 때가 있었다. 2023년에 있었던 '한국 김밥 사건'이 좋은 예다. 2023년 8월에 한국산 냉동 김밥이 'Kimbap'이란 이름으로 출시되었다. 크루들 사이에서 냉동 김밥이 곧 출시된다는 소문이 돌았을 때, 김밥을 수없이 먹어봤던 한국 사람으로서 나는 냉동 김밥이 맛있으면 얼마나 맛있을까 하는 회의적인 생각이 들었다. 안타깝지만 출시하자마자 망할 것 같다는 걱정이 앞섰다. 그런데 처음 입고된 냉동 김밥을 시식해보니 생각이 확 바뀌었다. 맛이 기가 막혔다. '단짠단짠'해서 한 줄로는 아쉬울 맛이었다. 게다가 정말 착한 가격이다. 3달러대에 이런 훌륭한 김밥을 먹는 건 정말 대단한 경험이었다.

김밥 상품 기획을 할 때 시식단에서 매우 까다롭게 맛을 평가했다고 들었다. 그 결과 급속 냉동으로 재료의 식감이 살아 있고 김과 여러 가지 재료가 합쳐져 나는 특유의 냄새를 줄여 거부감 없는 끝내주는 상품이 탄생했다. 김밥이 매장에 풀리자 '김밥 파동'이 일어났다. SNS에는 김밥과 관련된 글과 동영상이 넘쳐났고, 궁금함을 참지 못한 사람들은 트레이더 조 매장으로 몰려들었다. 매장 문을 열기 전부터 김밥을 사기 위해 줄 서는 사람들이 생겼고 매장 안의 김밥은 30분도 되지 않아 동났다. 급기야 출시 일주일도 되지 않아 김밥은 전국적으로 품절되었다. 곧 2차 물량이 풀렸지만 이 역시도 바로 품절되었다. 1인당 3개 한정으로 판매했는데도 말이다. 김밥의 인기는 지금도 계속 되고 있다. 매장 문을 열자마자 다 사가서 1시간 내에 김밥 칸은 텅텅 비어 있다.

이 한국 김밥 사건을 보면서 고객에게 무엇이 중요한지 다시 한 번 생각하게 되었다. 미디어를 적극 활용하고 판촉 활동을 위해 돈을 쓰는 것보다, 좋은 제품을 착한 가격에 고객에게 제공하는 게 더 중요한 마케팅인 것이다.

PR을 하지 않고도 잘 운영되는 트레이더 조의 영업 방식에 호기심이 생긴 나는 이곳의 커뮤니케이션 활동을 더 깊이 들여다보기로 했다.

제품이 최고의 마케팅이다

트레이더 조는 스스로 '유통 회사'가 아닌 '제품 중심의 회사'라고 말한다. 애플이나 구글처럼 말이다. 트레이더 조의 바이어들은 최고의 제품을 가장 합리적인 가격에 제공하기 위해, 조금이라도 더 가성비 좋은 제품을 찾아 전 세계를 누빈다.

다음은 트레이더 조에서 제품을 선택할 때 가지고 있는 가치관이다.

- 공급자에게 직접 구매한다. 낮은 가격에 구입하고 그렇게 절약한 돈은 고객에게 돌려준다.
- 구매할 때는 대량 구매해서 가격을 낮추고, 시즌 초기에 일찍 구매한다.
- 고객 반응이 좋지 않으면 바로 매장 진열대에서 내리고, 다른 혁신적인 제품으로 채운다.
- 좋은 위치에 진열해달라는 대가로 공급자들이 제안하는 판촉비를 받

지 않는다. 그런 돈이 있다면 대신 공급가를 낮춰달라고 한다. 가격 혜택이 소비자에게 돌아가야 한다는 생각이다.

이렇게 어렵게 바이어의 선택을 받은 제품이라도 매장에 진열되기 위해서는 매우 까다로운 테스트 단계를 거친다. 그래서인지 트레이더 조에서 발견하는 제품들은 대부분 품질이 뛰어나고 가격도 저렴하다. 좋은 경험을 한 고객들은 누가 시키지 않아도 트레이더 조의 제품을 알리는 홍보대사 역할을 자처하고, 입소문에 입소문이 이어져 매장에는 손님이 끊이지 않는다.

트레이더 조 매장의 크기는 세이프웨이나 월마트의 4분의 1정도 사이즈로 아담하다. 더 많은 제품을 취급하려고 매장을 늘리지 않는다. 매장이 작기 때문에 어정쩡한 상품은 설 자리가 없다. 실제로 세이프웨이가 4만여 개의 제품을 오프라인 매장에서 취급하는데 반해, 트레이더 조는 4천여 개의 알짜 제품만 엄선해 판매하고 있다.

트레이더 조의 4천여 개의 품목 중 80%는 본사에서 직접 품질과 가격을 관리할 수 있는 PB(자체개발 브랜드) 상품이며, 일찍부터 Non GMO(유전자 변형을 가하지 않은 농산물), No 인공색소를 철저하게 지키고 있고, 무염 제품과 글루텐 프리 제품, 비건 제품 및 유기농 제품도 다양하게 구비해두었다. 미국 내에서 이런 건강한 제품을 트레이더 조만큼 저렴한 가격으로 살 수 있는 곳은 없다.

또 하나 재미있는 점은 일정 기간에만 구입할 수 있는 시즌성 제품이나 특정 기간에만 제공하는 한시적 제품이 많다는 것이다. 제품을 들여왔는데, 수요가 많지 않으면 바로 진열대에서 내린다. 매장에서 일하다 보면 "얼마 전에 샀었는데, 오늘은 없네요" 하는 고객들이 많다. 판매 중단된 제품이 많이 있어서 그렇다. 그러니 트레이더 조에서 마음에 드는 물건을 발견하면 바로 사야 한다. 다음에는 없을 가능성이 높다. '안정적으로 재고를 유지해서 지속적으로 제품이 제공되어야 한다'는 리테일의 제1원칙과 반대로 가는 것이다. '제품이 품절이다, 단종됐다, 내년 이맘때나 다시 나온다'라는 말을 정말 자연스럽게 또 자랑스럽게 하는 슈퍼는 처음 봤다.

트레이더 조의 바이어는 '너무 이상한 제품은 없다'는 원칙을 갖고 있다고 한다. 그래서 다른 데서는 절대 볼 수 없는 새로운 것을 많이 시도한다. 대표적인 것이 할라페뇨 레모네이드다. 쉽게 말해 청양고추가 들어간 음료인데, 누가 먹을까 싶지만 아주 인기 있는 제품이다. 이외에도 할라페뇨가 들어간 치즈, 고추 망고 주스, 몸서리칠 정도로 신 젤리(제품 이름은 '슈퍼 싸워 젤리Super Sour Scandinavian Swimmers'이다), 손톱 크기보다 작은 초코칩 쿠키(제품 이름은 '세상에서 가장 작은 초코칩 쿠키Tiniest Chocolate Chip Cookies'이다) 등 모험심이 돋보이는 시그니처 상품이 많다.

냉동 김밥 역시 같은 맥락으로 개발된 상품이었다. 누가 김밥을 냉동해서 먹을 생각을 했을까 싶다. 트레이더 조의 제품 개발 능력은 정말 끝이 없다. 감탄이 절로 나온다.

가격이 최고의 마케팅이다

트레이더 조의 특징에는 착한 가격도 있다. 유기농 제품을 포함해 자체 개발한 제품들을 정말 합리적인 가격에 판다. 어떻게 이런 가격이 가능할까 싶을 정도이다. 일반 오이 다섯 개가 2.49달러인데, 유기농 오이는 2.99달러이다. 유기농과 아닌 것의 가격 차이가 별로 나지 않아 유기농 제품을 찾는 사람들에게 인기가 많다.

고물가 고인플레이션 시대에 당근은 99센트, 바나나는 수십 년째 20센트대에 살 수 있는 유일한 슈퍼마켓이 트레이더 조이기도 하다. 트레이더 조에서 인기 있는 한국 제품인 해물파전은 네 장이나 들어 있는데 3달러 대다. 냉동식품이지만 맛도 좋다. 아마 한국에서도 이런 가격에 이 정도 품질의 제품은 살 수 없을 것이다.

트레이더 조는 꽃이 특별히 비싼 미국에서 6달러로 생화 꽃다발을 한아름 살 수 있는 유일한 곳이기도 하다. 그래서인지 졸업 시즌, 어버이날에는 꽃을 사러 오는 고객들이 매장 문을 열기 전부터 길게 줄 서 있기도 하다.

한편 트레이더 조는 재활용을 강조하는데, 미국 슈퍼마켓 중에서 가장 먼저 재활용 소재로 만든 쇼핑백을 선보였고, 튼튼하고 디자인도 멋진 쇼핑백을 1달러도 안 되는 가격에 판매하고 있다. 또 올해 2월에는 트레이더 조 로고가 들어간 미니 토트백이 선풍적인 인기를 끌었다. 3달러가 채 안 되는 이 토트백은 이베이 등에서 몇십만 원에 거래되는 진풍경이 벌어지고 있다.

고객 감동이 최고의 마케팅이다

이전에 미국에 출장을 갈 때마다 트레이더 조에 꼭 한 번은 들렀다. 일명 '귀국 선물'을 사기 위해서였다. 인터넷에 '트레이더 조'라고 검색하면 '선물 리스트'가 연관 검색어로 뜰 정도로 한국에서도 인기 있는 상품이 많다. 미국에 와서 집을 고를 때도 걸어서 트레이더 조에 갈 수 있는 '트세권' 집을 택해 일주일에 한 번 이상 가는 단골이 되었다.

팬데믹 시기 동안 동시 입장 인원을 제한할 때에도 대기 줄이 가장 길었던 마트도 단연코 트레이더 조였다. 당시 매장 둘레를 한두 바퀴 돌 정도로 줄이 길었다. 바로 옆에 있는 세이프웨이, 월마트, 홀푸드, 타켓Target 등 유명 대형마트는 줄 서지 않고 들어가는데도, 트레이더 조 고객들은 캘리포니아 해가 쨍쨍 내리쬐는 땡볕 아래에서도 1시간 이상 기다렸다가 장 보러 들어가는 것을 마다하지 않았다.

아마존처럼 클릭 한 번이면 총알처럼 배송되는 편리한 온라인

쇼핑이 있는데도 굳이 번거롭게 매장을 직접 방문하는 사람들은 그 이유를 하나같이 '고객 경험'이라고 말한다. 트레이더 조는 더 나은 고객 경험을 위해 다른 슈퍼마켓들이 필수라고 생각하는 요소들을 없앴다. 이름하여 5무無 정책이다. 온라인쇼핑이 안 되고, 배송이 안 되고, 멤버십 제도가 없고, 셀프 체크인이 없고, 쿠폰도 없다. 그러나 다른 마트에는 없는 특별한 고객 경험이 있다.

트레이더 조는 고객 경험을 외적인 경험과 내적인 경험 두 가지 차원으로 나눈다. 먼저 외적인 경험은 보이는 것에 대한 경험이다. 고객이 원하는 제품이 잘 진열되어 있고, 편안한 분위기에서 직원들의 친절한 안내를 받으며 필요한 물건을 무사히 구입할 때 느끼는 만족감이다. 외적인 경험이 일시적인 경험이라면, 내적인 경험은 고객이 마음 깊이 받는 느낌이다. '이 매장과 크루들이 나를 돈을 내는 고객으로만 대하는 게 아니라 소중한 한 사람으로서 대하는가?'라는 질문에 트레이더 조는 이 내적인 경험을 더 중요하게 여긴다.

내적 경험이 충족되면 고객은 감동하고, 그 브랜드를 자신과 동일시하게 된다. 내가 돈을 주고 산 제품이지만 마치 내가 만든 제품인 것처럼 열정적으로 알리고, 주변 사람들이 그 제품을 사용할 때 본인이 더 행복해하고 만족한다.

마케팅 이론서에 자주 등장하는 입소문 마케팅의 중요성은 누구나 알지만 모든 기업이 입소문 마케팅에서 성공하지 못한다. 특히 한철의 입소문이 아니라 수십 년 내내 입소문 마케팅이 성공하는 기업 케이스를 보는 건 드물다. 시장상황이 속속 변하고 경쟁이 심화되는 요즘, 대량 광고비를 들이지 않으면서 뚝심 있게 입소문에만 의지한 채 마케팅을 유지하는 기업이 어디 있을까. 트레이더 조는 만족스러운 내적 경험을 가진 '찐팬'이 수없이 존재하고, 그들이 있어 수십, 수백억 달러의 광고비를 쓰지 않고 있다.

구글에서 일할 때도 가장 중요한 것은 고객의 만족도였다. 아무리 최신 기술을 도입했더라도 고객이 그 제품에 만족하지 않으면 꽝이다. 마케팅에 돈을 퍼부어도, 아무리 PR 캠페인을 잘해도 고객 만족이 유지되지 않으면 그 제품을 지속적으로 찾지 않는다. 제품을 중심으로 만족스러운 고객 경험을 추구할 때 기업은 꾸준히 성장할 수 있다.

$$\boxed{6}$$

책상 앞의 마케터가 아닌
필드 전문가로 거듭나다

향후 어떤 회사에서 일하게 될지는 모르지만 내 전문성은 변함없이 마케팅이고 커뮤니케이션에 있다. 마케터로 또 커뮤니케이터로서의 내 역할은 고객을 아는 것에서부터 시작한다. 그런 의미에서 고객 접점에서 보낸 갭이어 1년은 아주 소중한 경험이 되었다.

마케팅을 하거나 커뮤니케이션을 할 때 가장 중요한 것은 우리 회사 제품에 대한 메시지를 개발하고 고객에게 그 메시지가 전달되도록 전략을 짜는 일이다. 그런데 고객과 멀어져 책상 앞에만 앉아 있으니 도무지 좋은 아이디어가 떠오르지 않았다. 갭이어 기간에 다시 현장으로 가서 고객과 대면하자 회사 안에서 보지 못한 것이 보였다. 책에서도, 영상에서도 배울 수 없는 생생한 현장 공부! 지난 1년 동안 현장에서 고객을 만나며 깨달은 점을 정리해 보았다.

첫째, 명확한 비전과 미션

미션은 액자 속 글자로만 존재하는 게 아니라 매일매일 직원들이 아무렇지도 않게 언급할 정도로 가까워야 한다. 그래야 일상적인 의사결정을 할 때도 기준이 될 수 있다.

구글도 그랬다. 구글의 미션은 '전 세계의 정보를 조직해 누구나 쉽게 접근하고 사용할 수 있도록 하자'이다. 구글에서 이루어지는 1대 1 미팅이든, 10명이 참석하는 회의든, 수천 명이 함께하는 컨퍼런스든 늘 언급되는 게 미션이다. 제품이나 서비스를 소개할 때는 미션을 먼저 이야기하고 이 제품이 그 미션과 어떻게 연결되는지 설명한다. 미션은 저 멀리 있는 게 아니라 모든 제품에 녹아 있고, 제품을 만드는 과정 중에 이루어지는 의사결정에 관여한다.

스타벅스에서 첫날 오리엔테이션을 할 때 스토어 매니저가 음료 한 잔을 정성스레 만들어주면서 "이 한 잔의 커피에 저는 커피 이상을 담습니다. 그게 우리 스타벅스의 미션이거든요"라고 말했다. 처음에는 속으로 '푸핫' 하고 웃었다. 커피 한 잔을 만드는 30초, 그

짧은 순간에 무슨 커피 이상의 정신을 담았을까? 속으로 의문을 품으며 말이다. 그런데 그 미션들이 스토어 매니저, 시프트 매니저 그리고 바리스타의 행동 하나하나에 녹아 있는 것을 보고 '아 스타벅스가 이래서 다르구나'라고 생각했다.

첫 번째 예는 커피 찌꺼기 관리이다. 커피를 다 내리고 나면 커피 찌꺼기가 생기는데, 스타벅스에서는 이것을 모아 예쁘게 포장하고, 가드닝이나 냄새 제거용으로 사용하고 싶은 고객들이 무료로 가져갈 수 있도록 한다. 일하다 보면 너무 바빠서 이렇게 일일이 포장하는 것보다 음식 쓰레기통에 던져 넣는 것이 훨씬 편하겠다는 생각이 들 때도 있지만 동료들이 즐겁게 이 일을 하는 것을 보면 그런 생각은 슬며시 접어놓게 된다.

두 번째 예는 빨대 제공이다. 한국은 이미 빨대 사용이 제한되어 있어서 카운터에 빨대를 비치하지 않지만, 미국은 아직도 빨대를 사용한다. 그런데 우리 매장에서는 빨대를 달라고 하는 사람에게만 꺼내 준다. 아이스 음료 주문이 반 이상을 차지하는 여름에는 고객의 70% 정도가 빨대를 요청하니 자유롭게 이용할 수 있도록 상시 배치해두는 게 편리할 텐데도 그렇게 하지 않는다. 고객이 요청할 때마다 하나씩 꺼내준다. 빨대를 덜 사용하게 되니 그만큼 환경보호에 보탬이 되자는 실천이다. 실제로 1초가 아깝게 정신없이 바쁠 때는 몸을 한 번 더 움직이는 것도 귀찮은 일이지만 우리 매장의 바리스타들은 기꺼이 불편함을 감수한다.

세 번째 예는 재고관리이다. 유통기한이 가까워져서 팔기는 어렵지만 먹을 수 있는 샌드위치, 쿠키 등은 필요한 이웃과 나눈다. 개인적으로 기부하는 것이 아니라 스타벅스 전체에 시스템화되어 있어서, 매장마다 이웃 나눔용 수거 봉투가 따로 있다. 매일 저녁 매장을 정리하는 바리스타들은 여기에 기부할 음식을 담아놓는다. '커피 이상을 나눈다'는 스타벅스의 기업 미션과 잘 맞는 제도이다.

트레이더 조 역시 기업의 미션이 매장 곳곳에 녹아 있다. 트레이더 조의 미션은 '동네 슈퍼마켓으로서 가장 질 좋은 제품을 가장 좋은 가격에 고객들에게 제공해 감동을 준다'이다. 트레이더 조 매장에서 일하다 보면, 진심을 다해 질 좋은 제품을 고르고 저렴한 가격에 판매하기 위해 애쓰는구나 하고 느낄 수 있다.

직원들을 대상으로 발행하는 내부 뉴스레터에는 '고객으로부터의 편지' 코너가 있는데, 여기에 실린 고객과 크루의 이야기를 읽을 때마다 '아, 이렇게까지 고객에게 감동을 줄 수 있구나' 배우기도 한다.

최근에 소개된 고객 레터가 기억에 남는다. 두 아이를 키우는 엄마가 아이들을 어린이집에 보내놓고 부랴부랴 장을 보러 왔다. 계산을 하는 크루가 그에게 여느 때처럼 "안녕? 오늘 기분이 어때?"라고 물었는데, 고객이 이렇게 답했다고 한다. "너무 피곤해. 아이들을 돌보느라 한숨도 못 잤거든. 아이들이 어린이집에 가 있는 동안 얼른 집안을 치우고 저녁도 만들어야 해."

이 얘기를 들은 크루는 힘내라고 응원한 다음, 매장 꽃 코너로 달려가서 꽃다발을 가져와 선물했다고 한다. 이런 꽃값은 나중에 매장 비용으로 정산된다. 생각지도 못했던 상황에서 꽃다발을 받은 고객은 감동의 눈물을 흘렸다고 한다.

이 레터를 읽고 나서 나도 비키라는 고객에게 꽃다발을 선사하기도 했다. 내가 일하는 스타벅스 매장 단골손님이기도 했던 비키는 그날 열 살 정도의 딸과 장을 보러왔는데, 딸이 징징 울고 있었다. 알은체를 하며 딸이 왜 우냐고 했더니 딸 생일이 크리스마스와 겹쳐서 따로 친구들과 파티도 못 하고 따로 선물도 못 받아 울상이라고 했다. 나는 바로 꽃 코너에 가서 예쁜 꽃다발을 그 딸에게 선물했다. 그러면서 우리 아들도 생일이 어린이날하고 가까워서 늘 생일 선물을 따로 못 받았는데 비슷한 마음을 알겠다며 위로해주었다.

이렇게 나 같은 아르바이트생이라도 진심어린 고객서비스를 할 수 있는 배경에는 기업의 미션이 있다. 크루 한 명 한 명이 '고객 감동'이라는 트레이더 조의 미션에 마음 깊이 공감하며 일하기에 상상도 못할 감동적인 장면이 펼쳐지는 것이다.

여기서 사람은 직원과 고객 모두를 말한다. 회사는 고객에게, 또 직원에게 진심을 다해야 한다. 직원들이 만족해야 고객도 만족할 수 있으니까. 트레이더 조에서 일하면서 고객들에게 많이 들은 이야기가 있다.

"여기 직원들은 항상 밝고 행복해 보여요. 그래서 트레이더 조에 오면 저도 덩달아 기분이 좋고 행복해지더라고요."

트레이더 조 크루들은 리테일 업계 최고 시급을 받는다. 그리고 한 매장당 크루들 숫자가 많아서 과한 노동을 하지 않는다. 감정 노동도 훨씬 적다. 고객을 중심에 두는 기업의 운영 방침 덕분에 컴플레인이 별로 없고, 있어도 매니저들이 담당한다. 일반 크루들이 환불, 교환, 이의가 있는 고객을 응대할 필요가 없다. 한국에 있을 때 불만을 표하는 고객을 리셉션 담당 직원이 막고, 팀장이 해결하면서 윗선에 보고되지 않도록 쉬쉬하고 안달하는 모습을 얼마나 많이 보았는가? 연봉을 많이 받는 높은 직책에 있는 사람은 그만큼 힘든 일을 처리해야 한다. 아랫사람이 방어막 역할을 하고 윗선은 우아한 일만 하는 건 공정하지 않다.

트레이더 조에서 일하다 보면 갑자기 캐셔 대기 줄이 길어지는 경우가 있다. 고속도로 트래픽과 비슷하다. 이유는 모르지만 갑자기 교통량이 많아지거나, 어디 길목을 지나면 크게 나가는 차도 없는데 갑자기 차선에 여유가 생기는 것처럼 말이다. 트레이더 조에서는 갑자기 계산을 하려는 고객이 늘어나면, 매니저들이 달려와 캐셔의 일을 거든다. 매니저라고 우아하게 있는 것이 아니라 남들이 하기 싫은 일을 하고 하찮은 일도 도맡아서 한다. 가장 무거운 것을 나르고, 가장 더러운 곳을 청소하고, 가장 까다로운 고객을 기꺼이 상대한다.

스타벅스도 마찬가지다. 스토어 매니저는 바리스타들을 파트너로 본다(실제로 바리스타를 모두 '파트너'라고 부른다). 스타벅스 스토어 매니저와 시프트 매니저는 바리스타들이 바쁠 때 쓰레기통을 비우고, 떨어진 재료들을 채우고, 뒤에서 두 시간 내내 설거지를 한다. 시프트 매니저는 컴플레인이 들어오면 앞장서서 고객과 대화하며 바리스타들의 스트레스를 덜어간다. 나의 시프트 매니저 리타는 평소에는 19살의 귀여운 학생처럼 보이지만 고객과 대화를 할 때는 자신감이 넘치고 포스가 느껴진다.

스타벅스 파트너로 일하며 트레이더 조 크루로 일할 때, 회사로부터 존중받는다는 느낌을 받았다. '나를 직원이 아니라 한 사람으로 대해주는구나'라는 느낌. 그런 곳에서 진심으로 일하지 않을 사람이 어디 있을까? 사람이 중심에 놓이는 곳이 성공하는 것은 당연한 이치이다.

셋째, 지속적인 발전과 혁신

스타벅스의 제품은 '커피 + 문화 + 분위기'이다. 스타벅스에 가면 전문가가 고르고 만든 커피를 즐길 수 있다. 거기다 푹신한 의자, 편안한 분위기에서 자유롭게 대화하거나 일하거나 공부할 수 있다. 무료 와이파이도 제공된다. 어느 동네, 어느 나라 매장을 방문하든 동일하다. 일관되고 통일된 품질의 음료와 서비스 덕분에 스타벅스는 세계 최고의 커피 체인이 되었다. 여기까지는 모두가 알고 있는 스토리이지만, 스타벅스에서 일하면서 알게 된 것이 하나 더 있다.

현재 위치에 안주하지 않고 더 좋은 제품을 꾸준히 만들어낸다는 점이다. 스타벅스는 시즌이 바뀔 때마다 새로운 음료와 굿즈를 선보인다. 신제품 출시가 예고되면 2~3주 전에 모든 재료들이 매장으로 배달된다. 바리스타들은 2~3주 동안 충분히 연습을 하며 새로운 음료를 준비한다. 서로 잘 만드는 팁도 공유하고 고객에게 어떻게 더 잘 소개할지 고민하기도 한다. 그래서 스타벅스에 가면 익숙함과 새로움을 동시에 느낄 수 있다. 기업이 초기 성공에 만족하지 않고 혁신성을 발휘하면서 지속적으로 발전하는 게 어려운데 스타벅스는 그것을 50년 넘게 성공적으로 해오고 있다.

미국 슈퍼마켓 중 가장 고객 만족도가 높은 회사인 트레이더 조, 세계에서 가장 유명한 커피 프랜차이즈 스타벅스, 후발 주자이지만 고객 충성도가 높은 리프트. 내가 일한 세 회사는 기업 비전, 문화, 제품, 마케팅, 조직과 시스템 모든 부분에서 배울 점이 많아 비즈니스를 공부하는 학생들이 단골로 케이스 분석을 하는 회사들이다. 세 회사에서 1년 이상 직접 일하면서 그 회사들이 가지고 있는 철학, 역사, 제품, 직원들, 그들의 고객들을 속속들이 들여다보는 기회를 가진 것은 내 평생 손에 꼽을 만큼 의미 있는 일이었다.

이 경험을 통해 나는 내가 몸담고 있는 커뮤니케이션과 마케팅 능력을 더욱 뾰족하게 다듬을 수 있었다. '1만 명 만나기 프로젝트'는 나에게 사람뿐 아니라 커리어를 성장시키는 밑거름까지 남겼다.

누구나 삶을 전환하는 시기를 겪는다.
나처럼 정리해고로 인한 실직이
전환의 계기가 될 수도 있고,
건강 문제 혹은 가족 문제가 계기가 될 수도 있다.
한 가지 공통점은 예상치 못하게,
갑자기 찾아와 크게 내상을 입힌다는 것이다.
아무리 대단한 사람이라도
삶의 전환기를 환영하기는 어렵다.
하지만 현명하게 넘길 수는 있다.
한 걸음 더 나아가고 성숙할 수 있는
기회로 삼으면서 말이다.

무언가를 계속하게 하는 힘

가끔 내게 사람들은 묻는다.

"로이스는 어쩜 그렇게 한결같아요? 늘 활기차게 일하는 모습이 참 보기 좋아요."

고마운 말이지만 나라고 언제나 에너지가 넘치는 것은 아니다. 능력을 뛰어넘는 일이 버겁기도 하고, 여러 가지 역할을 동시에 하느라 지치고 힘들어 다 그만두고 싶을 때도 있었다. 하지만 속도를 늦출지언정 멈추지는 않았다. 아주 작게라도 계속하는 것과

멈춰버리는 것의 차이를 알고 있었기 때문이다. 한번 멈추면 다시 시작하는 게 겁난다. 그래서 영영 포기해버리고 만다. 하지만 조금씩이라도 움직이면 언제든 속력을 낼 수 있다. 달리기 위한 준비상태가 되는 것이다.

하루아침에 정리해고를 당한 그날처럼 바닥을 찍은 상태에서도 나는 무엇이든 계속하려고 애썼다. 무언가를 계속하는 것은 중요하다. 그러기 위해서는 세 가지 힘을 길러야 한다.

첫째, 뭐니 뭐니 해도 체력!

30대는 깡으로 일할 수 있지만 40대, 50대가 되면 깡으로 버틸 수 없다. 오랫동안 일하려면 체력이 중요하다. 난 세 개의 아르바이트를 시작하기 전에는 매일 아침마다 10킬로미터를 달렸고, 일주일에 두 번은 검도 운동을 했다. 그리고 오후 늦게는 1시간 정도 산책을 하기도 했다. 수영도 일주일에 네댓 번 했다.

평상시에 체력을 길러놓아서 나이가 들어서도 육체노동이 가능하다면 정말 할 수 있는 게 많아질 것 같다는 생각이 든다. 여러모로 지식노동자에서 육체노동자로의 확장은 의미가 있다. 트레이더 조에는 젊은 시절 교사, 마케터, 창업가, 셰프, 전문 사진가로 경력을 쌓은 60대 크루들이 많다. 심지어 70대도 있다. 이들을 보면 육체노동은 젊은 사람들만 할 수 있는 게 아닌 것 같다는 생각이 든다. 미국 전역에 트레이더 조 매장은 500개가 넘게 있는데, 은퇴한 후에 한 매장에서 2~3년씩 일하면서 미국 전역 곳곳의 다양한 문화를 맛보며 살아도 재미있는 인생이 되겠다는 생각도 해보았다. (물론 꿈으로 끝날지 정말 그렇게 할지는 모르겠지만.) 내가 하고 싶은 것을 모두 하려면 정말 중요한 건 체력이다. 평소에 체력을 꾸준히 키워야 한다.

둘째, 소속감 갖기

소속감을 가지면 외롭지 않다. 포기하고 싶을 때 옆에서 팔짱을 껴주는 친구가 있으면 무너지지 않을 수 있다. 내가 넘어졌을 땐 친구가 일으켜주고, 친구가 넘어졌을 땐 내가 일으켜준다. 한국에서는 가족과 오랜 동료들이 그 역할을 해주었다. 그들이 있기에 포기하고 싶을 때도 계속해 나갈 수 있었다. 그런데 낯선 환경에 혼자 던져지니 한순간에 나에게 힘을 주던 지원군이 모두 사라져 버렸다.

미국에 와서 첫 몇 달은 적응하는 게 쉽지 않았다. 직장에는 동료가 있었지만 집에 돌아오면 손님 같고, 출장 온 것 같은 느낌이 들었다. 집에서 잠을 자는데 호텔에서 잠을 자는 것 같았고, 동네를 걸어도 남의 동네를 걷고 있는 느낌이었다. 나는 미국에서 일해야 하고, 이제 이곳의 현지인으로 살아야 하는데, 어떻게 하면 소속감을 가질 수 있을까 생각했다.

서울에 살 때, 그 동네에 빠르게 정착하게 된 계기가 뭐였지? 떠올리다가 동네 도서관에 나가고, 동네 공원을 산책하고, 이웃을 만나고 친해졌던 것이 생각났다. 동네 행사에 적극적으로 참여하고, 문제가 생겼을 때 힘을 보태는 데 망설이지 않았다. 동네 쓰레기를 치우고, 내가 살고 있는 지역 이슈에 관심을 가지고 한목소리를 냈다. 미국에서 그런 활동을 할 수 있는 방법을 찾아보니 '지역 자원봉사'가 있었다. 그래서 내가 살고 있는 곳에서 자원봉사를 하기로 했다.

나의 첫 자원봉사는 지역 박물관 해설사였다. 자원봉사자가 되기 위해 경찰서에 가서 지문을 찍고 신원 확인까지 했다. 하지만 두 달 동안의 준비를 마치고 첫 활동 스케줄이 잡혔을 때 팬데믹이 시작되어 안타깝게도 박물관 자원봉사는 하염없이 미뤄졌다.

팬데믹 기간에도 쭉 할 수 있었던 봉사가 있었다. 지금까지 빠지지 않고 참여하는 마운틴뷰 시니어센터 배식 봉사다. 이곳에서는 매일 200인분의 점심이 제공된다. 팬데믹 기간에는 도시락으로 점심 배달을 했다.

시니어센터에서 자원봉사를 한 지도 5년이 되었다. 그동안 5만 인분 이상의 배식을 했고 그만큼 나도 이 지역에 깊게 뿌리내리는 기분이다. 미국에 처음 정착하는 사람들에게 늘 해주는 말이 있다. 이곳에 온 게 손님 같고, 외국인 같고, 출장 온 것 같으면, 자원봉사를 해보라고. 소속감을 갖게 되는 지름길이다.

셋째, 세상이 두 쪽 나도 루틴으로 버티기

인생에 예상치 못한 큰 변화가 닥치면 머릿속에 생각이 많아진다. 나는 그럴 때 일단 'Stop!'을 외치고 몸을 움직였다. 늘 하던 대로 아침 일찍 일어나 조깅을 하고, 자원봉사를 하고, 검도 수련을 하고, 수영을 했다. 트레이더 조와 스타벅스 아르바이트도 곧바로 구해 몸을 바쁘게 놀리며 부정적인 생각에 빠지는 것을 피했다.

상황에 따라 엎치락뒤치락하는 감정의 기복을 극복하려면 생각을 멈추고 몸을 움직이면서 마음속의 복잡함을 밀어내야 한다. 생각이 깊어지면 우울과 침체에 빠지기 쉽고, 새로운 일을 시작할 용기는커녕 하던 일을 계속하고자 하는 의지까지 사라져버린다. 앞에서 이야기했던 '일상의 루틴'이 이럴 때 유용하다.

트레이더 조에서 일하며 팔꿈치 통증이 생겨 3개월 정도 검도 수련을 제대로 하지 못한 적이 있었다. 쉬어야 하나 잠시 고민했지만 나는 도장에 나가는 것을 택했다. 집에 있으면 머릿속에 생각이 많아질 거고, 그러면 활력을 잃게 될 것 같았다. 어떤 날은 다른 검우들이 수련하는 것을 구경하기만 하고, 어떤 날은 연습 일부에만 참여하고 일찍 집에 왔다. 그렇게 지루한 시간이 지나니 몸이 조금씩 나아져서 다시 즐겁게 연습을 시작했다. 만약 아프다고 3개월 동안 검도장에 나가지 않았다면 다시 시작하기 정말 힘들었을 것이다. 그때 생각보다 행동을 택한 덕분에 지금까지 나는 열정적으로 검도를 하고 있다.

열정은 쉽게 사그라들기 마련이다. 사그라든 열정에 불을 다시 지피려면 처음의 두세 배 노력이 들어간다. 그러니 열정이 제자리라고 해도 그대로 이어가는 게 중요하다. 캠프파이어를 하다 보면 장작이 다 타버린 것 같아도 쪼개보면 그 안에 불씨가 남아 있다. 검게 그을려 불꽃을 잃은 것 같지만, 꾸준히 높은 온도를 유지하고 있기에 새 장작을 얹기만 하면 불을 옮겨 활활 타오르게 한다. 작은 일이라도 꾸준히, 계속하는 것도 마찬가지 아닐까? 꾸준함이 곧 우리의 열정을 타오르게 하는 불쏘시개가 될 것이다.

PART 4.

오십에 배운
트랜스포머적인
태도와 생각

오십을 '지천명'이라고들 한다. 하늘의 뜻을 아는 나이. 나는 오십 중반에 '세상은 늘 내 뜻대로 되지 않는다. 일단 최선을 다하면 그것으로 족하고 그 후는 걱정하지 말자'라는 생각을 하게 되었다. 그것이 하늘의 뜻이 아닐까.

55세에 구글이란 안전망을 벗어나 아르바이트 외에 커뮤니케이션과 마케팅 분야 컨설팅도 하고, 스타트업 프로젝트도 시작한 2023년 한 해 평균 수면 시간은 4시간이 채 안 되었다. 1년을 최선을 다해 달렸다. 1년 동안 나는 쑥 자라 있었다. 그리고 더 단단해졌다.

미래는 변화에 유연한 '트랜스포머적인 인간'만이 살아남을 것이라고 한다. 트랜스포머적인 태도와 생각, 그게 별건가? 내가 원하든 원치 않든, 닥친 상황에서 뒤돌아보지 않고 앞으로 나아가는 것 그리고 두려워하지 않고 변신하는 것. 그거면 충분하다.

1

새삼 나의 매력이 보이기 시작했다

구글에서 일할 때는 구글이라는 후광이 좋게든 나쁘게든 너무 컸었다. 주변 사람들이 내 얘기에 공감하고 나를 좋아하면, 나 로이스 그 자체로도 나를 좋아하는 건지, 아니면 구글 소속의 로이스에 더 관심을 갖는 것인지 간혹 헷갈렸다. 그래서 '구글 디렉터'라는 레떼르를 떼는 것이 더 두려웠는지 모르겠다. 그동안은 자연인 로이스가 누구이며 사람들에게 어떤 가치를 줄 수 있을까에 대해 아주 깊이 생각해본 적이 없었으니까.

책상 앞에 앉아 노트북을 열며 매일 아침을 시작한 30년의 회사 생활을 멈추고 트레이더 조의 크루로, 스타벅스 바리스타로,

리프트 운전사로 낯설게 일한 1년 동안 나는 '그냥 로이스'는 어떤 장점을 가진 사람이고, 나의 어떤 면을 주변에서 좋아해주는지 알 수 있었다. 날것의 나, 껍질을 벗겨낸 나를 만나고 알게 된 시간이었다.

이름을 불러주는 사람

사람은 누구나 자신의 존재를 인정받고 싶어 한다. 특히 내 이름이 불렸을 때 우리는 자존감을 느낀다. 오죽하면 "내가 그의 이름을 불러주었을 때, 그는 나에게로 와서 꽃이 되었다"라고 시인도 읊었을까!

하지만 매번 상대방의 이름을 불러주는 일은 생각보다 쉽지 않다. 특별한 노력을 기울여야 하기 때문이다. 나는 이름을 잘 외우지 못하는 축에 든다. 하지만 나와 함께 일하는 사람에 대한 관심이고 사랑이라는 생각으로 늘 이름을 외우는 데에 많은 시간을 들인다.

트레이더 조에 출근하면서 목표를 하나 세웠다. 한 달 안에 함께 일하는 모든 크루들의 이름 외우기. 얼굴과 이름을 매치해 외운 다음, 인사할 때나 말을 걸 때 항상 이름을 불렀다. 동료들의 이름을 외우기 위해 일부러 오전과 오후를 섞어 근무시간을 신청하기도 했다. 자주 마주쳐야 확실히 기억할 수 있으니까. 그렇게 한 달 만에 우리 매장 크루 150명의 이름을 다 외웠다. 내가 먼저 이름을 불러주니 동료들도 내 이름을 기억하게 되었다. 그렇게 관계가 조금씩 가까워졌고, 친밀해질수록 같이 일하는 게 더 재밌어졌다. 늘 만나고 헤어질 때 주먹 인사는 기본이 되었다.

사실 나는 구글에서도 '인사 왕'이었다. 하루에도 몇 번씩 마주칠 때마다 밝게 웃으며 "Hi, ○○!" 하고 이름을 붙여 인사를 하니 동료들이 나를 그렇게 불러주었다. 구글 본사에 왔을 때 내가 같이 일해야 할 사람은 200명이 넘었다. 커뮤니케이션 업무의 특성상 일을 잘하기 위해서는 동료들과 소통을 잘하는 것이 필수다. 그래서 '90일 동안 100명 만나기 프로젝트'를 했다. 1대 1 미팅을 잡아서 하루에 5명 이상과 미팅을 했다. 그리고 만나는 사람들의 이름을 외우려고 노력했다. 이렇게 한 번 안면을 트고 나면 같이 일하기가 수월했다. 한국도 그렇지만 미국에서도 얼굴 한 번 보고 얘기해본 것과 그렇지 않은 것과는 천지 차이다. 마주보고 얘기해본 사람을 모른 척하기는 쉽지 않다. 한국만 인간관계가 중요한 것이 아니다.

인간적으로 존중받는다는 생각이 들 때 함께 일하고 싶고 돕고 싶은 마음이 생긴다. 내가 동료들의 이름을 부를 때 그들도 이런 나의 마음을 느끼지 않았을까?

많이 웃고 좋은 에너지를 나누는 사람

늘 밝게 웃고 있어서 만나면 절로 힘이 나고, 얘기할수록 에너지가 충전되는 사람이 있다. 반면 10분만 대화해도 모든 에너지를 빼앗기는 것 같은 사람이 있다. 다행히도 주변 사람들로부터 로이스와 얘기하다 보면 전기 충전되는 것처럼 힘이 생긴다는 말을 자주 듣는다. 이렇게 좋은 에너지를 나누려면 첫째, 내 몸이 피곤하지 않아야 한다. 피곤할 때는 친절한 말 한마디가 쉽지 않다. 수없이 강조했지만 체력 관리는 정말 중요하다. 둘째, 사람에 대한 호기심이 있어야 한다. 이 사람은 무슨 생각을 할까? 회사 밖에서는 어떤 모습으로 살까? 등을 궁금해하고, 이 주제에 대해 대화하다 보면 상대와 도움을 주고받을 수 있고, 긍정적인 에너지를 나누는 관계로 발전할 수 있다. 호기심과 관심을 가지고 사람을 대하는 것과 '내 인생에서 스쳐지나갈 사람인데 뭐' 하면서 무관심한 태도로 사람을 대하는 것은 완전히 다르다.

트레이더 조에 새로 들어온 한 크루가 있었다. 그는 사람들과 눈을 마주치지 않은 채 얘기하고, 질문을 하면 5초 정도 후에 답을 한다. 그것도 한두 마디로 짧게. 내가 해온 방식대로 이름을 부르고 관심도 표현하면서 말을 붙여보았지만 친해지기가 쉽지 않았다. 나와 얘기하는 것을 싫어하는 듯한 그를 어떻게 대할지 몰라 고민하던 어느 날이었다. 그와 한 팀이 되어 빈 진열대를 채우기 위해 창고에서 가져올 품목 리스트를 만들고 있었는데, 이 친구는 그 많은 항목을 종이에 적을 생각도 안 하고 그냥 눈으로 훑어보고만 있었다. 얼마나 지났을까, "다 됐다"라고 하더니 혼자 창고로 걸어가버렸다. 참 게으른 친구라고 생각하면서 나는 가져올 품목을 일일이 종이에 적어서 그 친구를 따라갔는데, 창고에 가니 혼자서 필요한 물건을 하나씩 챙기고 있었다. 알고 보니 그는 엄청난 '사진 기억력'을 가진 사람이라서 한 번 본 것은 몽땅 외워버렸다.

시간이 지나 이 친구와 좀 더 많은 대화를 나누면서 자폐 스펙트럼 장애를 가지고 있다는 것을 알게 되었다. 그 후로는 트레이더 조에 출근하는 것 자체가 새로운 도전인 그가 힘을 낼 수 있도록 응원을 보내고 필요한 도움을 주고 있다. 나중에 알게 된 사실인데 그가 매니저에게 '로이스와 일하고 싶다'고 얘기했다고 한다. 자신의 이름을 불러주는 사람이 별로 없는데 나는 늘 다정하게 이름을 불러주었다며 같은 팀이 되고 싶다고 했다는 것이다. 이렇게 사람에 대한 관심은 서로 좋은 에너지를 주고받을 수 있게 한다.

다른 사람을 빛나게 하는 사람

'칭찬받고 싶으면 남을 먼저 칭찬하고, 인정받고 싶으면 남을 먼저 인정하라'는 말을 좋아한다. 겸손의 소중함을 일깨워주기 때문이다. 이 말은 타인에 대한 배려, 동료에 대한 감사의 중요함을 알려주는 말이기도 하다. 독불장군처럼 일하는 사람은 어디서도 환영받지 못한다. 아무리 잘난 사람이라도 모든 일을 혼자 해낼 수 없다는 것을 오랜 사회생활을 통해 배웠다.

구글에는 '피어 보너스peer bonus'라는 제도가 있다. 동료로부터 칭찬을 받으면 회사로부터 100달러의 보너스를 받는 제도이다. 한 두 문장으로 간단히 칭찬 내용을 쓰면 된다. 내가 칭찬만 하면 회사가 그 동료에게 100달러를 꽂아주는데 안 할 이유가 없다. 서로 기분 좋은 일이다. 나는 구글에서 일하는 동안 300개가 넘는 칭찬을 보냈고 피어 보너스를 50번 받았다. 남에게 한 칭찬의 6분의 1밖에 돌려받지 못했으니 내가 손해를 본 걸까? 그렇지 않다. 남을 칭찬하는 글을 쓸 때는 '내가 이런 프로젝트를 했는데, 동료 ○○이 이렇게 저렇게 나를 도와줬다'라고 쓰게 되니, 내가 한 프로젝트도 자연스럽게 홍보하게 된다. 겸손한 자세로 상대를 빛나게 하면서 나도 함께 빛나는 방식이다.

트레이더 조에서도 마찬가지다. 함께 일한 동료에 대한 칭찬을 매니저에게 꼭 전달한다. "오늘 함께 일한 제임스는 일을 꼼꼼하고 정확하게 해서 배우는 게 많다" 이런 식으로. 물론 게으름을 피워서 칭찬하고 싶은 마음이 들지 않는 크루도 가끔 있지만, 잘 살펴보면 장점이 하나씩은 꼭 있다. 칭찬에는 상대방을 인정하는 마음이 내재되어 있다. 상대방의 좋은 면을 보고 가치를 인정하는 만큼 자기 자신의 존재감도 높이 올라간다.

궂은일을 마다하지 않는 사람

구글에서 프레스 컨퍼런스 행사를 할 때였다. 팀원이 앞에서 사회를 보고 나는 뒤에 있었는데, 참석자 중 한 명이 커피를 바닥에 엎었다. 나는 얼른 걸레를 찾아 들고 행사장 바닥을 닦았다. 행사장 내에 청소하는 분이 계셨지만, 가장 먼저 할 수 있는 사람이 하는 게 맞다고 생각했다. 그렇게 나는 사무실에 휴지가 떨어져 있으면 지나치지 않고 줍고, 휴게실 선반이 더러우면 망설임 없이 닦는다.

트레이더 조에는 크루들이 꺼려하는 제품 섹션 몇 곳이 있다. 진열되는 상품의 가짓수가 많거나, 물건이 무겁거나, 회전율이 좋지 않아 일하는 성취감이 덜한 곳들이다. 고객이 많아 활기가 넘치는 야채 섹션은 크루들에게 인기가 많다. 반면 찾는 사람이 많지 않고, 상품 구성도 복잡하고, 무겁기까지 한 너트 섹션(견과류와 마른 과일)은 크루들이 피하고 싶어 하는 코너다.

나는 매니저가 "이번 시간에는 너트 섹션을 맡아주세요"라고 하면 군소리하지 않고 한다. 다 필요한 일이니까 말이다. 맡을 뿐만 아니라 어떻게 하면 좀 더 즐겁게 일할 수 있을까 고민하고 실행한다. 한 번은 너트 코너의 진열을 바꾸고, 재고를 옮기기 편하도록 비슷한 상품을 한 박스에 담아보았다. 박스 겉면에는 내용물을 크게 적어 일일이 열어보지 않아도 물건을 찾을 수 있게 했다. 평소 산더미처럼 정신없이 쌓여 있던 너트들의 보관 장소가 절반으로 줄어들 만큼 깔끔하게 정리되었다. 이렇게 남들이 반기지 않는 일도 얼마든지 재미있게 할 수 있다. 내가 조금 더 움직인 덕분에 동료들은 더 편하게 일할 수 있게 되었고 나도 성취감을 느낄 수 있었다. 더욱이 남들이 피하는 일을 기분 좋게 했던 이 '너트 정리 사건' 이후 스토어 매니저가 나를 눈여겨보기 시작했다고 나중에 들었다.

스타벅스에서도 설거지와 청소를 도맡아 한다. 화장실 청소도 먼저 한다. 누가 할지 눈치 볼 필요가 없다. 2주 정도 내가 화장실 청소를 도맡아 하니, 다른 파트너들도 알아서 더 잘하려 한다. 서로 열심히 하는 좋은 분위기가 조성되기 때문에 나랑 같이 일하는 게 좋다고 근무 시프트를 바꾸는 바리스타들도 있었다.

갭이어 아르바이트를 하면서 언제 가장 행복했는지 생각해보았다. 내가 첫 휴가를 갔다가 복귀했을 때 동료들이 이런 말을 했다. "We are not used to being without you(너와 익숙해져서 이젠 네가 없으면 너무 허전해)"라는 말이었다. 석 달도 함께 일하지 않은 새로운 동료들이 내가 있고 없고의 차이를 느끼는구나 싶어서 뿌듯함마저 느꼈다. 구글러, 전무, 디렉터 등 멋진 레떼르가 없어도 환영받고 존경받는 사람이 될 수 있다는 사실이 나를 참 행복하게 한다. 오늘도 행복감을 느끼기 위해, '함께 일하고 싶은 동료'가 되기 위해 나는 먼저 이름을 부르고, 말을 걸고, 칭찬을 하고, 먼저 나서 궂은일을 맡는다. 그런 노력이 모여 나와 주변을 빛나게 한다.

2

어디서든 변화를 만드는 사람

트레이더 조에서의 첫 한 달은 정말 정신없이 지나갔다. 출퇴근 시간 기록이나 캐셔 교대 시간을 잊어버린 적도 많았고, 화장실 갈 시간을 놓치거나 2시간마다 있는 10분 휴식시간을 놓치는 건 다반사였다. 근무가 없는 날인지도 모르고 출근한 적도 있었다. 석 달쯤 지나서야 리테일 매장이 어떻게 돌아가는지 보이면서 내가 어떤 일을 해야 할지 감이 생기기 시작했다. 그리고 넉 달쯤 되니 '여기저기를 이렇게 하면 좋겠다'는 눈이 생겼다.

주어진 일을 잘 처리하는 것을 넘어 능동적으로 일을 찾아나서니 일하는 재미가 몇 배로 늘었다. 나는 트레이더 조에서 일하며 혼자만의 작은 프로젝트를 시작했다. 바로 '낯선 눈으로 바라보고 작은 변화 만들기'였다.

낯선 눈으로 바라보면

내가 트레이더 조에서 제일 좋아하는 섹션은 신선 채소 코너이다. 그래서 신선 채소 코너를 맡을 때면 섹션리드인 노아와 많은 대화를 나누며 고객으로서, 직원으로서 가졌던 궁금증을 해소하곤 했다. 10년 넘게 이 매장에서 근무해온 노아는 이런 사람은 처음 본다는 눈빛으로, 그러나 온갖 질문을 퍼붓는 내가 흥미롭다는 표정으로 차근차근 대답해주었다.

하루는 진열에 대해 물어보았다. 트레이더 조의 채소 코너에는 유기농 제품과 일반 제품이 나란히 놓여 있다. 왼쪽에 유기농 상추가 있으면 바로 오른쪽에 일반 상추가 놓여 있고, 왼쪽에 유기농 콜리플라워가 있으면 오른쪽에 일반 콜리플라워가 놓여 있는 식이다. 그런데 유독 브로콜리만 왼쪽에 일반 브로콜리, 오른쪽에 유기농 브로콜리로 순서가 바뀌어 있었다.

이것을 보고 의아해서 노아에게 물었다. "다른 채소들은 모두 유기농이 왼쪽에 있는데 브로콜리만 오른쪽에 있더라. 특별한 이유가 있어?"

노아는 진열대를 가만히 보더니 이렇게 말했다. "어머, 로이스

네가 말하기 전까지 몰랐던 사실이야. 이 섹션에서 지난 10년 동안 일했어도 한 번도 그 생각을 못 했네. 내가 섹션리드를 맡을 때부터 이렇게 되어 있었어. 지금까지 그대로 따라한 거고."

사실 크루들은 빈자리에 제품을 채워 넣는 것만도 무척 바쁘기 때문에 이상한 점을 느끼지 못했을 수도 있다. 아마 나는 처음 와서 이런저런 것이 새롭게 보였던 것 같다. 조심스럽게 노아에게 "브로콜리의 위치도 다른 상품들과 동일하게 바꿔도 될까?"라고 물으니 흔쾌히 "물론이지. 네가 일을 더 해야 하는 게 마음에 걸리지만, 상관없다면 원하는 대로 해"라고 말했다.

나는 그날 아침에 브로콜리 진열 순서를 바꾸었다. 그렇게 우리 매장의 모든 채소 매대 왼쪽에는 유기농 제품들이, 오른쪽에는 일반 제품들이 놓이게 되었다. 일관성이 생겼기에 일하는 크루도, 쇼핑하는 사람들도 헷갈리지 않아 좋을 것이다.

한 번은 버섯 매대에서 일하다가 늘 궁금했던 질문을 했다. 선반이 5층으로 되어 있는데, 중간에 드레싱이 있는 것이다. 1단과 2단에는 버섯이, 3단에는 드레싱이, 다시 4단과 5단에는 버섯이 진열된 상황이었다. 나는 섹션리드에게 "왜 3단에 드레싱이 진열되어 있는 거야? 꼭 버섯 사이에 드레싱이 있어야 하는 이유가 있어?" 하고 물었다. 이번에도 섹션리드는 "음, 꼭 거기에 있을 필요는 없어. 내가 일을 시작했을 때부터 그렇게 진열되어 있어서 바꿀 생각을 해보지 않았던 것 같아"라고 답했다.

"그럼 내가 순서를 바꿔도 될까? 드레싱을 맨 위 칸에 넣고 그 아래에 버섯을 진열하면 더 효율적일 것 같아. 고객들은 여러 가지 종류의 버섯을 한눈에 볼 수 있어서 좋고, 우리 크루들도 재고를 관리하기 좋고 말이야. 버섯은 드레싱보다 더 자주 채워 넣어야 하잖아"라고 의견을 물으니, 섹션리드는 "모든 제품을 다 들어내고 다시 진열해야 해. 손이 많이 갈 텐데 괜찮겠어? 네가 좀 더 고생하는 게 괜찮다면 원하는 대로 해"라고 말했다. 나는 허락이 떨어지자마자 바로 일을 시작해 한 시간 만에 진열을 모두 바꿨다. 섹션리드는 깜짝 놀라며 엄지 척 해주었다.

작은 일이었지만 남들이 발견하지 못한 개선점을 찾아냈다는 것이 뿌듯했다. 나는 조금 더 적극적으로 움직여보기로 했다.

매장 업무 매뉴얼을 만들다

트레이더 조처럼 현장이 중요한 곳에서는 업무 매뉴얼보다 선배나 동료들과 함께 일하면서 배우는 방법이 더 효율적이다. 글자로 전달하는 것의 한계도 있고, 크루들의 독해력이 모두 같지는 않기 때문이다. 그래서인지 트레이더 조에는 회사 소개와 안전에 관련된 내용 정도만 매뉴얼로 만들어져 있고, 일하는 방식 등에 대해서는 글자로 정리해놓은 게 전혀 없다.

매일 배우는 자세로 임한다면 크루 업무는 석 달 안에 충분히 익숙해진다. 다만 나처럼 리테일 현장 업무를 한 번도 해본 적 없는 사람에게는 머릿속에 그려지는 게 전혀 없으니 난감할 때가 많았다. 매장의 레이아웃, 제품 코너별 주의사항 등만 간략히 정리되어 있어도 좀 더 쉽고 빠르게 일에 적응하기 쉬울 것 같았다.

크루 일을 시작한 지 며칠 되지 않았을 때 제품 위치를 묻는 고객과 함께 물건을 찾아 헤매며 생각했다. '매장 레이아웃을 직접 그려봐야겠구나.' 나는 어느 복도에 무엇이 진열되어 있는지 손으로 그려서 들고 다니며 외웠다. 물론 제품의 매장 진열 위치가 주기적으로 바뀌기 때문에 수고 대비 효용성이 크지 않을 수 있겠지만, 무슨 일이든 잘해내고 싶은 욕심이 있는 나에게는 꽤 도움이 됐다.

하루는 토마토를 진열하다가 '멘붕'에 빠졌다. 피라미드 모양으로 과일과 채소를 쌓는 법을 배운 뒤, 무너지지 않고 예쁘게 보이도록 토마토 꼭지가 밑으로 가게 해서 잘 진열해두었다. 상품이 상할까 봐 조심조심 다루느라 30분도 넘게 걸린 이 일은 곧 헛수고가 되었다. 토마토 종류마다 꼭지가 다른 방향으로 가도록 진열해야 했기 때문이다. 한국에서 늘 먹던 둥근 형태의 토마토는 꼭지가 위로 가게 하고, 달걀처럼 갸름한 토마토는 눕혀서 꼭지가 뒤로 가게 진열해야 한다. 이런 것을 하나하나 물어보고 해야 하다 보니, 비효율적이라는 생각이 들었다. '매장 업무 매뉴얼이 있다면, 할 것과 하지 말아야 할 것do's and don'ts 리스트 정도만 있어도 적응 기간을 석 달에서 두 달로 줄일 수 있고, 실수도 덜 할 텐데' 하는 아쉬움이 생겼다.

트레이더 조에서 일한 지 다섯 달 정도 되었을 때, 섹션리드들 중 가장 친하게 지내는 노아에게 트레이더 조 매장에 업무 매뉴얼이 없는 특별한 이유가 있냐고 물어본 뒤, 그가 맡고 있는 신선 채소 섹션의 업무 매뉴얼을 만들어볼 생각이 있는지 물어보았다. 그는 10년 넘게 일해온 크루이고 나는 일을 시작한 지 반년도 안 된 신입 아르바이트생이기 때문에 이런 제안이 조심스러웠다.

"한 번 정리를 해두면 새로운 사람들이 좀 더 쉽게 일을 시작할 수 있을 거야. 일하다가 궁금한 점이 생겼는데 선배 크루가 바쁘다면 아주 유용할 테고"라고 말을 건넸다. 그러자 노아는 "맞아. 왜 그동안 업무 매뉴얼을 만들 생각을 못했을까?"라고 했다.

그런데 노아는 곧 난감한 표정을 지었다. "로이스, 업무 매뉴얼을 만들려면 사진도 넣고 글도 쳐서 넣어야겠지? 그런데 나는 문서 만드는 것이 서툴러. 사진을 편집해서 넣는 법도 모르고."

나는 웃으며 말했다. "에이, 그건 걱정 마. 내가 30년 동안 해온 일인걸? 넌 이곳에서 일하면서 얻은 지식만 주면 돼." 그렇게 노아와 나는 신선 채소 코너 업무 매뉴얼을 만들기로 의기투합했다.

프로젝트는 다음 날부터 시작되었다. 내가 목차를 잡고, 노아가 알려주는 정보를 받아 적어 내용을 채웠다. 틈틈이 사진도 찍어 편집해 넣었다. 우리가 직원 휴게실에서 노트북을 펼쳐놓고 열심히 하는 모습을 본 다른 섹션리드들이 지나가면서 한마디씩 던졌다.

"와, 좋은 아이디어네! 나도 내 섹션의 매뉴얼을 만들어야겠어."

나는 그들에게도 템플릿을 보내주었다. 그렇게 우리 매장에 조금씩 변화가 일어났다. 특히 10년 이상 일한 크루들이 좋아했다. 자기가 일하면서 습득한 지식이 일목요연하게 정리되는 모습이 신기하고, 누군가에게 도움이 된다는 게 뿌듯하다고 했다. 타성에 젖어 일하는 즐거움을 잠시 잊고 있었는데 새로운 것을 해보니 신이 난다고 했다. 그들이 생기를 되찾는 모습을 보며 나도 특별한 보람을 느꼈다.

두근두근 첫 성과 리뷰

트레이더 조에서는 1년에 두 번, 6개월마다 업무 성과 리뷰를 받는다. 나는 파트타임 아르바이트생이었기 때문에 성과 리뷰 대상인 줄은 상상도 못 했는데 동료가 '트레이더 조는 정규직이건, 비정규직이건, 일하는 시간이 주 40시간이건, 주 8시간이건 누구나 성과 평가 대상이 되고, 평가 점수에 따라 시급 인상이 이루어진다'고 알려주었다. 시급 인상 폭은 75센트에서 1달러 사이였다.

성과 리뷰 결과에 따라 다음 달부터 바로 시급이 조정된다고 하니 긴장되기도 했고, 한편으로는 기대가 되기도 했다. 성과 리뷰를 받기 위해, 평가받는 직원은 나를 평가할 메이트(중간 매니저)를 선택한다. 근무조가 정기적으로 바뀌기 때문에 나와 시간을 가장 많이 보냈거나 내가 일을 어떻게 하는지 잘 아는 메이트를 선택해서 정확한 평가를 받도록 하는 것이다.

트레이더 조의 성과 평가 등급은 딱 두 종류다. '기대 충족meet expectations'과 '개선 필요need improvements'. 이렇게 단순하니 업무에 대한 피드백을 주고받기 편하다. 어떤 점이 기대를 충족했고, 어떤 부분에서 개선이 필요한지 간략히 전달하면 되니 서로 부담도 없다.

구글의 성과 평가 등급이 5단계였음을 떠올리며 '기대 충족' 레벨 이상으로 성과를 낸 사람을 따로 구분하지 않는 것이 고성과자들의 의욕을 꺾지 않을까 하는 생각도 했다. 하지만 이곳은 고성과자를 키워내는 것보다 전 직원이 '기대 충족' 등급을 받고, 그렇게 모든 근무자가 고객에게 평균 이상의 서비스를 제공하는 것이 더 중요하다는 철학을 가지고 있었다.

내가 나의 평가 매니저로 선택한 메이트 에릭은 나와 새벽 근무를 함께했다. 같이 보내는 시간도 길고 누구보다 내가 열심히 한 것을 아는 사람이어서인지 그는 나에게 이렇게 말해주었다. "로이스, 당신에게는 특별히 해줄 말이 없을 것 같은데요? 평가 미팅도 금방 끝날 거예요." 미팅에서 에릭은 항목을 하나하나 읽어가며 나의 근무에 대해 평해주었다. 나는 이 기회에 그동안 일하며 궁금했던 것들에 대해 묻고 답을 받았다. 보통 10~20분이면 끝나는 평가 미팅은 1시간을 훌쩍 넘겼다. 면담을 끝내면서 에릭은 "로이스, 당신은 크루 이상이에요. 다음 주에 당신이 내 자리를 대체한다고 해도 전혀 놀라지 않을 것 같아요!"라며 우스갯소리를 했다.

최고의 칭찬과 함께 첫 성과 리뷰에서 '기대 충족' 등급을 받고, 시급도 최고 인상액인 1달러가 인상되었다. 그리고 추가적으로 승진도 했다. 트레이더 조에서 크루로 일을 시작한 지 6개월 만에 섹션리드가 된 것이다. 나는 쿠키·캔디 섹션의 리드가 되어 주문, 디스플레이, 재고관리 등을 책임지는 일을 맡게 되었다. 매니저는 아주 드문 일이라며 축하해주었다.

그로부터 5개월 뒤인 2023년 12월, 두 번째 성과 리뷰를 앞두고 내가 메이트로 승진된다는 기쁜 소식을 들었다. 파트타임으로 일을 시작한 지 1년도 안 되어 섹션리드로, 메이트로 고속 승진을 한 것이다. 열심히 일한 점, 업무 환경 개선을 위해 스스로 노력한 점, 동료들의 긍정적인 평가 등이 모두 반영된 결과라고 했다. 물론 본사와는 다른 스토어 레벨이어서 가능한 초고속 승진이었지만, 나의 존재감이 확인되는 것 같아 뿌듯했다. 무엇보다 동료 크루들이 '가장 신임하는 동료'로 뽑아주었다는 사실은 내 가슴을 뛰게 했다.

　1년 넘게 트레이더 조의 크루로 일하며 늘 신입사원의 시각에서 질문하고 문제를 살펴보려 노력한다. 그렇게 내 자리에서, 나의 시선으로 조심스럽지만 적극적으로 작은 변화를 만들어간다.

　변화의 폭이 작다고 해서 힘도 작은 것은 아니다. 내가 용기 있게 시도한 작은 변화로 우리 매장의 몇몇 코너에는 업무 매뉴얼이 만들어졌고, 매대의 상품은 더 효율적으로 진열되었다. 처음 일하는 사람은 그만큼 업무에 적응하기가 수월해졌다. 선배 크루들은 신입사원을 붙잡고 하나하나 가르치지 않아도 되니 부담이 줄었다. 그만큼 매장의 업무 효율은 좋아졌다. '로이스 덕분에 일하기 좋아졌다'는 동료들의 인정과 칭찬도 받았다. 모두 용기 있게 시도한 작은 변화가 이루어낸 성과다.

$$\boxed{3}$$

나의 은퇴 예행연습

20대에 직장 생활을 시작하면서 '마흔 살까지만 일하고 그다음부터는 NGO에서 자원봉사를 하면서 또 내가 좋아하는 트레킹과 운동을 하면서 살아야지' 했다. 그런데 그 마흔 살이 너무 빨리 왔다. 아니, 30대가 너무나 빨리 가버렸다는 게 더 맞는 표현일 것이다. 30대는 직장 생활이 가장 왕성할 때다. 성장도 가장 큰 폭으로 한다. 빠르게 배우고 승진하면서 일하는 재미에 푹 빠져들게 된다. 내가 하는 일을 더 잘 알게 되고 더 잘할 수 있게 되면서 일이 재미있어진다. 후배들을 성장시키는 기쁨도 생기고 역할도 많아진다. 급여도 쑥쑥 오른다. 이런 30대를 보내고 마흔을 맞으면 은퇴하겠다는 생각은 이미 저만치 사라져버린다.

40대도 그렇게 보내면서 '오십에는 은퇴를 해야지'라고 생각했다가, 그 계획도 지켜지지 않을 것 같아 지워버렸다. 오십이 되면 직급도 더 높고 연봉도 더 오르고 사회적으로도 더 인정받을 텐데, 그때 모든 걸 내려놓는 게 가능할까? 내 경험치와 능력이 한창 높을 때 그것을 잘 활용하는 게 더 현명한 선택이 아닐까? 이렇게 생각하다 보니 나이 오십도, 육십도 눈 몇 번 깜박이면 올 것 같았다. 그래서 '은퇴 나이 같은 건 아직 생각하지 말자. 자원봉사나 사회 기여 활동은 직장 일을 하면서 병행하자'라고 마음을 바꾸었다.

예상대로 나의 오십은 한창때였다. 전 세계에 흩어진 600명이 넘는 커뮤니케이션 팀원들과 일하면서 큰물에서 노는 재미에 푹 빠졌다. 영어 공부도 치열하게 했고, 새로운 업무 환경에 적응하기 위해 신입사원 같은 마음으로 하루하루 분초를 쪼개가며 열심히 또 뿌듯하게 살았다. 그렇게 50대 5년이 눈 깜짝할 사이에 흘러갔다. 갑자기 직장이 나를 놓아줄 거라고는 꿈에도 생각하지 못한 채!

은퇴, 얼마면 해도 되겠니?

미국이나 한국이나 요즘 직장인들이 모이면 늘 나오는 대화가 있다. "나는 몇 살에 은퇴하겠다" 혹은 "얼마 모으면 은퇴하겠다"이다. 사실 마음놓고 은퇴하려면 얼마면 되겠니?라고 자신에게 물어봐도 감이 잡히질 않는다. 씀씀이를 돈을 한창 잘 벌 때를 기준으로 해야 할지 아니면 구두쇠 절약 모드로 가야 할지, 어떤 기준으로 월 지출을 잡아야 할지가 생각보다 구체적으로 안 떠오른다. 그러다 보니 은퇴를 하려면 몇억에서 몇십억까지 필요하다는 사람들이 있다. 백억 이상을 얘기한 친구도 있었다.

그런데 직장인들이 은퇴를 생각할 때는 돈도 돈이지만 당장 매일 출근하지 않을 때 겪는 심리적 변화, 사회적 변화도 생각해야 한다. 은퇴하면 괜히 초라해지고, 자격지심이 생기고, 인색해진다고 한다. 이런 얘기를 들으면 막상 은퇴가 겁난다. 그렇다면 예행연습을 해보면 어떨까?

이번 나의 갭이어는 '은퇴, 얼마면 해도 되겠니?'에 대한 감을 잡을 수 있는 계기였고 또 매일매일 출근하지 않을 때, 회사 친구들과의 교류가 끊길 때 어떻게 마음을 다스리고 사회생활을 지속할 수 있을지에 대한 힌트를 얻는 기회였다.

은퇴 후 살림의 규모를 예측할 수 있었다

1만 원 쓰는 것에 벌벌 떨고 싶지 않고, 기부금에 쪼잔해지고 싶지 않다. 이번 갭이어 기간은 내가 한 달에 얼마를 벌어야 위축되지 않고, 원하는 취미생활을 하면서 살 수 있을지 가늠하는 기회가 되었다. 트레이더 조, 스타벅스, 리프트 그리고 룸메이트에게 받는 렌트비를 합치면 한 달 수입이 5천 달러 정도 되었다. 구글에 다닐 때에 비하면 너무 작은 금액이지만 퇴사하면서 받은 패키지나 통장에 있던 돈에 손을 대지 않고도 이 아르바이트 수입으로 충분히 생활할 수 있었다.

친구들과 100달러짜리 멋진 점심을 먹어도 마음이 불편하지 않았고, 일주일에 한 번 친구들을 집으로 초대해서 삼겹살 파티나 와인 파티를 해도 부담 없었다. 길가에서 만나는 홈리스에게 5달러를 기부할 수도, 트레이더 조 매장 근처에서 청소하는 친구에게 매번 음료수를 사주는 마음의 여유도 가질 수 있었다. 생활비를 충당하고 저축까지 가능해서 6개월 후에는 저금액이 1만 달러 정도 늘어 있었다.

퇴직 후에도 약간의 경제활동을 지속하는 '반퇴' 라이프스타일이 많이 얘기되고 있다. 이번 갭이어 프로젝트를 통해 퇴직 후 파트타임으로 일하면서 매달 조금씩이라도 정기적인 수입이 있어야 사람들에게 인색하지 않을 수 있다는 실천적 답을 얻었다.

은퇴 후 어떻게 시간을 보낼지
구체적으로 생각하게 되었다

은퇴자들에게 가장 두려운 것이 '시간'이라고 한다. 하루의 절반 이상을 차지했던 직장이 사라지면 처음에는 홀가분하지만 슬슬 불안감과 허전함이 밀려온다고 한다. 선배들로부터 늘어난 시간을 어떻게 활용하느냐에 따라 은퇴 생활의 질이 달라진다는 이야기를 많이 들었다.

나는 갭이어를 통해 아침 9시 출근, 오후 6시 퇴근을 안 해도 되는 하루를 어떻게 알차게 보낼 수 있을지 연습했다. 일주일 단위로 루틴을 구성해보았다. 세 가지 파트타임과 자원봉사 등 고정적인 일정들을 먼저 채워 넣은 뒤, 영어 튜터 미팅이나 독서클럽과 같은 정기적인 일정을 넣고, 나머지 빈 시간에는 캠핑이나 친구들과의 식사 등을 유연하게 채워 넣었다. 이렇게 하니 의외로 쉴 틈이 없었다. 그러면서도 좋아하는 오디오북을 매주 한 권 정도는 뗄 수 있었다.

곧이어 펫시팅도 하고 컨설팅도 하고 스타트업도 시작하면서는 회사에 다닐 때보다 스케줄과 동선이 더 복잡해져서 정신을 바짝 차려야 했다. 9시에 출근하고 6시에 퇴근하는 회사를 다니지 않아도 스스로 루틴을 만들 수 있었고, 그 루틴 속에서 지속적으로 성장할 수 있었다. 더 이상 회사에 다니지 않아도, 나만의 시간표로 주도적으로 사는 게 그리 어렵지 않을 거란 자신감이 생겼다. 은퇴 후 가장 두렵다는 시간이 별로 무섭지 않을 거라는 단단한 확신이 생겼다.

직장 생활을 할 때는 인간관계도 대부분 회사 안에서 맺게 된다. 가족만큼이나 오랜 시간을 함께 마주하는 사람이 직장 동료들이기 때문에 일뿐 아니라 개인적인 소통도 많이 하고, 그만큼 깊은 우정도 다질 수 있다. 하지만 회사라는 공통분모가 사라지면 그런 관계도 서서히 무너지기 마련이다. 같은 직장에 근무할 때는 둘도 없는 친한 사이였지만 퇴사와 동시에 데면데면해진 친구가 누구에게나 있을 것이다. 은퇴도 퇴사와 비슷하다. 그러므로 소속된 회사가 없어졌을 때 내 사회 활동을 어떻게 지속할 것인가에 대해 진지하게 고민할 필요가 있다.

갭이어를 통해 이 부분에 대한 아이디어도 얻을 수 있었다. 매일 만나는 회사 동료들은 없지만 구글 퇴사자들과의 정기 모임을 통해 업계의 소식을 나누고 우정도 이어가고 있다. 독서클럽, 자원봉사 모임, 운동 모임에서의 인간관계는 변함없이 계속되고 있고, 여기에 아르바이트를 하는 곳에서 사귄 새로운 친구들도 더해져 사회적 관계는 더욱 넓어졌다.

특히 갭이어 기간에 이런저런 곳에서 만난 나보다 연배가 높은 분들의 자신감 있는 모습은 내게 좋은 자극이 되었다. 트레이더조에는 60대 후반부터 70대의 크루들이 있다. 이분들은 젊은 친구들보다 조금 천천히 일하시지만 이들만이 더 잘할 수 있는 일이

215

있었다. 본인의 경험을 바탕으로 친밀한 고객서비스를 제공한다. 아이들은 매장을 방문하면 '스티커 할아버지'라는 별명을 가진 할아버지 크루부터 찾는다. 등이 굽은 한 할머니 크루는 같은 또래 할머니 고객들에게 인기가 많아 늘 그분 계산대 앞에 일부러 줄을 선다. 계산하면서 손자 손녀 얘기에 시간 가는 줄 모른다. 경험과 연륜으로 퍼스널 브랜드를 만드는 것이다.

이들이 여전히 사회생활을 활발히 하며 적극적으로 인간관계를 맺는 모습을 보며 멋지게 나이 드는 방법을 고민한다. 그리고 나도 이들처럼 괜찮은 노년이 될 수 있다는 자신감도 얻는다.

이렇게 1년간 은퇴 후의 돈 씀씀이, 시간 운용, 사회 활동에 대해 구체적으로 체험하고 연습하고 나니, 은퇴 후의 내 모습에 대해 자신이 생겼다. 남들보다 빠른 은퇴를 고민하는 사람이 있다면 나처럼 최소 3개월 이상의 은퇴 연습을 해보라고 권하고 싶다. 막연했던 생각이 손에 잡힐 듯 생생해지고 어떻게 살아갈지 구체적인 아이디어가 생길 것이다. 예행연습 후에 준비가 덜 되었다는 생각이 들면 계획은 수정하면 그만이다.

4

다양한 빛깔을 지닌
친구들이 새로 생겼다

실직을 '배우자를 잃는 슬픔'에 비교한 글을 본 적 있다. 그만큼 큰 충격이라는 뜻일 테다. 앞에서 '부정, 분노, 타협, 우울, 수용'이라는 슬픔의 5단계에 대해 이야기했는데, 이 다섯 단계가 순서라고는 하지만, 맨 마지막의 수용 단계까지 왔다고 해서 이전의 분노와 우울 단계가 완전히 없어지는 건 아닌 것 같다. 이 다섯 단계를 앞뒤로 왔다 갔다 하면서 최종적으로 수용 단계에 다가가는 것이 아닐까 싶다.

정리해고 발표 직후 예상치 못한 이 변화에 어떻게 대응할 것인가는 내 몸과 마음을 지배하는 무거운 주제였다. 명확한 정답이 있는 것도 아니고, 비슷한 사례가 있더라도 나에게 꼭 맞춰 적용할 수도 없다. 이런 난해한 숙제를 해나갈 때 서로를 인정하고 토닥일 수 있는 친구만큼 소중한 존재가 또 있을까?

처음엔 나와는 다른 사람이라고 생각했는데

한 구글 동료가 있었다. 나와는 달리 엔지니어이다. 그는 함께 백패킹과 트레킹을 한 하이킹 그룹의 멤버 중 한 명이다. 그는 운전을 좋아하고, 남에게 폐 끼치는 것을 상당히 싫어하는 조용한 사람이었다. 트레킹을 하면 3,000미터 이상의 힘든 산을 2박 3일 동안 오르내리면서 많은 이야기를 나누기 마련인데 그와는 속 깊은 얘기를 나누지 않았다.

친화력 있게 이런저런 얘기로 말을 붙이노라면 "그래서 질문이 뭐죠?"라며 핵심을 다시 묻는 그의 스타일로 보아 친해지기는 까다로운 사람이라고 생각했다. '커뮤니케이션 전문가'라는 타이틀이 무색하게 나는 주어와 동사가 맞지도 않게 주저리주저리 늘어지게 말하는 것을 좋아한다. 그리고 이 주제에 대해 말하다가 뜬금없이 저 주제에 대해 말하는 등 하고 싶은 말도 많고 알고 싶은 것도 많다. 그래서 나와 너무 다른 그 구글 동료와는 늘 거리감을 느꼈던 것 같다.

또 매일 조깅을 하고 검도와 수영으로 몸을 다져와 체력만큼은 자신 있다고 말하는 나와 달리, '평소에 운동은 따로 하지 않는다'고 말하면서 힘든 내색 없이 산을 오르는 그가 대단하고 신기했었다. 그러면서 '이 사람은 정말 나와는 같은 부류가 아니구나'라고 확신을 했다.

어느새 나에게 힘을 주는 친구가 되었다

안타깝게도 지난해 1월 그도 나와 함께 구글에서 정리해고를 당했다. 정리해고 후에 서류 정리할 것들이 엄청나게 많았다. 읽어야 할 메일과 처리해야 할 일이 장난이 아니었다. 평소 꼼꼼한 성격이 아닌 내가 '이걸 언제 다 하나'라며 한숨 쉬고 있을 때, 그가 한번 만나자고 제안했다. 만나서 정보도 교환하고, 서로 의지가 되어주자고. 그렇게 처음으로 만나 나눈 이야기가 아마 지난 2년 동안 대충 알고 지내면서 나눈 말보다 많았을 것이다. 첫 미팅을 하고 그에 대한 나의 선입견은 바로 다 날아갔다.

그 후 우리는 매주 만나 산책을 하면서 이런저런 얘기를 나누기로 했다. 처음에는 정리해고 후 처리할 일에 대해 이게 맞는 건지 저게 맞는 건지 서로 확인하는 수준이었지만(물론 내가 주로 묻고 그가 답하는 식이었다) 우리는 갈수록 서로 마음을 위로하며 힘이 되는 친구가 되어가고 있었다.

일주일 동안 겪었던 감정 기복에 대해 이야기하면서 서로 기운을 북돋아주기도 하고, 정리해고로 인한 마음의 상처를 보듬기도 했다. 특히 일이 있건 없건 매주 한 번 정기적으로 만나 이야기를 나누는 게 좋았다. 일주일간 어디에 이력서를 넣었는지, 어떻게 인터뷰를 준비하고 있는지 등 구직활동한 결과를 공유한 뒤, 결과가 좋지 않았던 것은 그 이유를 함께 찾았다. 다음 한 주는 또 어떻게 보내고, 어떤 일자리를 알아볼지 계획도 했다. 일뿐 아니라 명상, 운동, 최근에 읽은 책, 유튜브나 팟캐스트 등 서로의 성장에 도움이 되는 콘텐츠를 소개해주기도 했다. 우리가 다뤘던 주제 중에는 '은퇴 예행연습'도 있었다.

우리는 살아온 배경이 다르고, 근무하는 분야가 다르고, 삶의 우선순위가 다르고, 나이가 다르고, 가족 상황이 달랐다. 하지만 일주일에 한 번씩 서로를 이해하는 시간을 갖다 보니, 어느새 누구보다 가깝고 친한 친구가 되어 있었다. 특히 이 친구와 지난 1년 동안 매주 만날 때는 늘 커피숍이 아닌 산책을 하면서 대화를 나누었다. 상황이 안 좋을 때 정적으로 앉아서만 대화하다 보면 더욱 깊은 골에 빠지기 쉽기 때문이다. 몸을 움직이면 의도하든 의도하지 않든 에너지가 생긴다는 것도 실감할 수 있었다.

삶의 변화를 겪을 때 내 생각을 함께 나눌 수 있는 진정한 친구를 만들어보자. 이야기를 들어만 주어도 서로에게 힘이 된다. 얘기를 풀어만 놓는데도 에너지를 받는다. 그렇게 한층 멀리 갈 수 있는 자신감을 얻는다.

그리고 내 인생의 빈 곳을 채워준 새로운 사람들

갭이어를 통해 얻은 커다란 소득 중 하나가 다양한 친구들이었다. 그동안 회사에서 일하며 내가 만난 사람들은 남들이 부러워하는 직장에 다니며 먹고사는 걱정이 없는 사람들이 대부분이었다. 그러나 갭이어를 보내면서 만난 1만 명 중에는 정말 다양한 사람들이 있었다.

트레이더 조에서 새벽부터 밤까지 일하면서 끈끈한 우정을 쌓았던 크루들, 커피를 만들면서 틈새 시간 동안 이런저런 얘기를 주고받았던 바리스타 동료들 그리고 리프트를 하면서 인생 얘기를 나눈 승객들, 내 근무시간에 맞춰 애써 찾아와준 고객들, 시니어센터 자원봉사를 하면서 알게 된 동료들…. 이렇게 사랑과 우정이 넘치는 사람들은 30년 동안 회사 생활을 하며 만났던 이들과는 또 다른 자극과 기쁨을 주었다.

'친구를 보면 그 사람을 안다'는 말이 있다. 가까이 하는 사람의 면면을 보면 성격이나 인품을 짐작할 수 있다는 뜻이다. 지금 내 친구들을 보면 나는 어떤 사람처럼 보일까? 다양한 빛깔을 지닌 사람들에게 둘러싸여 예측할 수 없는 흥미진진한 삶을 사는 제법 멋진 사람처럼 보이지 않을까?

한 공간에서 일하면서도 매력을 발견하지 못했던 동료의 재발견, 마트와 카페에서 직원과 고객으로 수없이 스쳤을 이들의 가슴에 담겨 있던 이야기, 이 모든 건 갭이어가 나에게 준 선물이다. 나를 진심으로 응원해주는 그들이 있어 다시 앞으로 나아갈 용기를 낸다.

구글러, 전무, 디렉터 등 멋진 레떼르가 없어도
환영받고 존경받는 사람이 될 수 있다는 사실이
나를 참 행복하게 한다.
오늘도 행복감을 느끼기 위해,
'함께 일하고 싶은 동료'가 되기 위해
나는 먼저 이름을 부르고, 말을 걸고, 칭찬을 하고,
먼저 나서 궂은일을 맡는다.
그런 노력이 모여 나와 주변을 빛나게 한다.

5

컴퓨터 없이도 일할 수 있는 삶

예전 직장 동료에게 갭이어 동안 내가 하고 있는 일에 대해 이야기한 적이 있다. 몸을 써서 일하고 있다고, 내가 상품이자 서비스라고 생각하니 일도 더 열심히 하게 되고 보람도 느낀다고 했다.

이 얘기를 듣더니 동료가 이렇게 말했다.

"내가 상품이자 서비스라는 그 말, 정말 멋지네요. 저는 요즘 컴퓨터에 종속된 것 같아요. 제게서 컴퓨터를 빼앗으면 할 수 있는 게 아무것도 없을걸요?"

무척 공감했다. 컴퓨터가 없으면 아무것도 하지 못하게 되는 존재가 요즘 사무직이 아닌가 싶다. 노트북이나 스마트폰 없이는 일도 하지 못하고 성과도 낼 수 없을 것이다.

나에게서 컴퓨터를 빼앗으면

구글 초창기, 그러니까 20년 전쯤 '내부 시스템이 다운되었을 때 우리가 어떻게 일할 수 있을 것인가?' 하고 대비 연습을 한 적이 있다. 연습은 3일 동안 진행되었다. 그런데 정말 그 3일 동안 꼭 개미 무리들이 지나가는 자리에 누가 물을 확 뿌려놓은 듯한 느낌이었다. 무슨 일을 어느 것부터 해야 할지, 새로운 사람을 섭외해야 하는데, 자료를 어디서 찾고 연결은 어떻게 해야 할지, 그야말로 우왕좌왕했다.

이메일 주소 자동 완성 기능이 탑재된 이메일, 그동안의 자료들이 모두 축적되어 있는 주소록과 채팅 기록, 팀 전체의 일정을 통합 관리하는 캘린더, 회사의 모든 자료를 담아둔 인트라넷 그리고 개인 작업을 하던 각종 문서 등에 접속이 불가능하니 정말 할 수 있는 일이 아무 것도 없었다.

일단 일을 추진하기 위해 협의해야 할 상대들과 연결이 안 되니 의사결정을 할 수가 없었고, 동료들이 한자리에 모두 모여야 하니 일의 추진력이 떨어졌다. 업무 효율성은 말할 필요도 없었다. 시스템 다운만으로도 이 지경인데, 만약 우리에게서 컴퓨터를 뺏어 간다면 무슨 일을 할 수 있을까.

전혀 다른 분야에서 일해보면 보이는 것

그런 의미에서 갭이어 기간 동안 몸을 써서 일한 것이 참 값진 경험이란 생각이 들었다. 컴퓨터가 없어도, 나에게 컴퓨터를 뺏어가도 내가 할 수 있는 일이 있다는 게 큰 힘이 되었다.

평생 사무직을 해왔던 사람이 은퇴 후 다른 일을 해보겠다고 다짐했다면 전혀 다른 분야, 특히 컴퓨터를 사용하지 않는 분야에서 경험해보는 걸 추천한다. 새로운 시각을 갖게 되기 때문이다. 회사에 다니면서 바리스타 자격증을 따거나 요가 트레이너 자격증을 공부하는 사람을 종종 보았는데, 그렇게 평소 갖고 있던 취미에 전문성을 더하는 일을 해보면 더없이 좋겠다.

컴퓨터 없이 할 수 있는 일, 거기에 나이 제한 없이 오랫동안 할 수 있는 일을 찾는다면 직장 생활을 하면서도 자신감이 높아질 것이다. 최후의 보루를 마련해둔 자의 여유라고나 할까?

그런데 한 가지 꼭 덧붙이고 싶은 말이 있다. 몸을 써서 하는 일을 잘하기 위해서는 정말 체력이 좋아야 한다. 평소 지적인 능력과 더불어 육체 능력을 꾸준히 길러놓아야 하는 이유이다. (이 책에서도 이미 여러 번 강조해서 이젠 지겹다고 느껴질지도 모르지만 그만큼 중요하다는 의미이다!)

잊고 있었던 땀방울의 가치

한국에서는 정신노동 직업에 비해 육체노동 직업을 낮추어 보는 경향이 있다. 미국에서 다양한 사람들을 만나보면 한중일 중에 유독 한국 사람들이 이런 생각이 강한 것 같다. 다른 사람들이 어떻게 볼지 남의 이목을 중요하게 생각한다.

한국에서 전국 방방곡곡으로 걷기 여행을 자주 다녔다. 다니다 보면 도시도 지나가지만 이름 모를 시골의 논밭도 많이 지나간다. 자연스럽게 논밭에서 일하시는 분들도 많이 만나는데 대부분 할머니, 할아버지시다. 동네 청년회장도 50대 후반이다. 시간 여유가 있을 땐 일하시는 분들 옆에 앉아 배추, 당근도 같이 뽑는다. 울릉도에 갔을 때는 명이나물 종자를 산비탈길 밭에 심는 일을 도와드리고 맛있는 삼겹살을 얻어먹기도 했었다.

아무도 시키지 않은 일을 이렇게 스스로 즐겁게 해온 것을 떠올려보면 나는 땀 흘려 일하는 육체노동에 대한 로망을 가지고 있었던 것 같다. 몸을 많이 움직이면 정신이 맑아진다. 땀을 흠뻑 흘리며 일하고 나면 복잡한 마음이 싹 정리되는 느낌이다. 학위나 회사의 임원 타이틀은 모두 떼버리고 넉살 좋은 아줌마로 육체노동을 하면서 사는 것도 나쁘지 않겠다는 생각을 낯선 곳으로 여행갈 때마다 했었다.

이렇게 잠깐 일을 하는 것이든, 내 직업으로 제대로 하는 것이든 실용적인 것을 우선시하는 나는 '창피한 직업'은 없다고 생각한다. 그래서 정리해고 발표가 난 후 바로 트레이더 조 아르바이트 원서를 내고 면접을 보는 데 크게 망설임이 없었던 것 같다. 물론 막상 일을 시작하려니 겁이 나기도 했지만 부끄러운 마음은 없었다.

타인의 시선에서 벗어나면

'다른 사람들이 나를 어떻게 볼까?' 이 생각만 극복하면 육체노동이 주는 즐거움에 눈을 뜰 수 있다. 육체노동과 정신노동 둘 중 어느 것이 낫고 어느 것이 못하다는 게 아니다. 다만 오랫동안 정신노동을 해왔던 사람이라면 한 번쯤 육체노동 중심의 직업을 가져보는 것도 나쁘지 않다는 것이다. 하루하루 단위로 시작과 마침이 있어서 '일을 끝마쳤다'는 후련함을 느낄 수 있고, 내 몸을 써서 땀 흘려 일해 돈을 벌고 있다는 보람을 느낄 수 있다. 갭이어 기간에 육체노동을 하며 느낀 점을 세 가지로 정리해보았다.

첫째, 겸손해진다. 그 복잡한 회사 일을 똑 부러지게 해냈던 내가 물건도 제대로 나르지 못하고 돈 계산도 서툴다. 주문시스템을 제대로 조작하지 못해 손님들의 원성을 산다. 회사 경험이나 내 일에서의 전문성은 별 도움이 안 된다. 모든 것을 새로 배워야 하고, 때로는 나보다 훨씬 나이가 어린 선배들에게 혼나기도 한다. 나에게는 이런 과정이 정말 소중했다. 40대, 50대가 되면 회사에서는 지시를 내리는 위치, 모든 것을 다 아는 위치에 있게 된다. 그래서 남이 서툰 것을 견디지 못하는 성격이 되어버린다. 또 남들이 지적하는 것도 싫어하는 독불장군이 되어간다. 완전히 새로운 환경에 던져지면 겸손해진다. 처음부터 잘하는 사람이 없다는 진리를 다시 한번 체득하게 된다. 그렇게 스스로의 한계를 솔직하게 인정하게 되고 '명함 없는' 자연인으로서 나는 누구인지 진지하게 고민하게 된다.

둘째, 일의 맺고 끊음이 확실해진다. 퇴근을 해도 퇴근이 아니고, 휴일이어도 휴일이 아니라는 회사원들이 많다. 머릿속에 늘 프로젝트가 맴돌고 있기 때문이다. 파트타임으로 일하며 가장 좋았던 점은 클락인(출근 도장 찍기)과 클락아웃(퇴근 도장 찍기)이다. 클락인을 하면서 일을 시작하고 클락아웃을 하면서 일 생각을 잊는다. 회사에 다녔을 때처럼 일을 집으로 싸들고 오지도 않고, 친구를 만나면서도 머릿속으로는 일 걱정을 하지도 않는다. 우리는 너무 많은 일 스트레스를 안고 산다. 육체노동을 통해 일하고 돈을 벌면서는 일 생각을 멈출 수도 있음을 깨닫는다.

셋째, 건강의 소중함을 알게 되고 내 몸을 소중히 여기게 된다. 육체 노동을 하면서 몸 건강의 소중함을 절실하게 느낀다. 손가락을 베면 늘 물을 만져야 하는 스타벅스에서 일하기 어렵고, 발톱을 너무 짧게 잘라 걷기 불편한 날은 트레이더 조에서 서서 일하기 어렵다. 몸의 작은 불편함이 일에 바로 영향을 미친다. 우리 몸이 얼마나 소중한지 매일매일 깨닫게 되니, 운동도 더 열심히 하게 된다. 팬데믹 상황이 해제되며 마스크를 쓰지 않아도 되지만 나는 여전히 마스크를 착용하고 일한다. 일을 못 하는 상황이 되지 않기 위해서다. 내가 아파서 갑자기 출근을 못 하면 열흘 이상 다른 사람이 내 자리를 채워야 한다. 매장 운영에는 문제가 없겠지만 누군가가 내 몫을 해야 하는 것이다. 내 건강은 내가 지켜야 한다. 내가 건강해야 타인과의 약속도 잘 지킬 수 있다.

1년 동안 600회 넘게 리프트 운전을 했고, 1만 잔이 넘는 음료를 만들었다. 키보드 위를 부드럽게 날아다녔던 뽀얀 손은 상품을 진열하고 커피를 내리고 운전대를 잡으면서 두툼하고 거칠어졌다. 1년 전과 달라진 손 모양은 나에게는 훈장 같은 것이 되었다. 그 어떤 타이틀도 없이 '자연인 로이스'로 산 알찬 1년을 격려하는 그런 훈장. 그리고 앞으로 어떤 상황이 닥쳐도 잘 해결할 수 있다는 약속의 징표.

6

나라는 사람의
한계를 뛰어넘다

동대문 시장에 갈 때마다 본인 키보다 머리 두 개는 더 높게 쌓은 박스들을 카트에 가득 싣고 좁은 골목골목을 재빠르게 누비는 노동자들을 많이 보았다. 그들보다 덩치는 작지만 체력은 남부럽지 않은 나였기에, 짐수레를 옮기는 일 정도는 어렵지 않게 할 수 있을 줄 알았다. 전혀 아니라는 걸, 트레이더 조에서 일하면서 확실히 알게 되었다.

트레이더 조에서 근무를 시작한 후 30년 동안 펜 잡고 키보드만 두드렸던 사무직 노동자가 이 일을 할 수 있을까, 그만둬야 하지 않을까 고민했던 큰 고비가 세 번 있었다.

고비1. 못생긴 손가락이 되어가고 있다

트레이더 조에서 일한 지 한 달쯤 되었을 때 눈에 띄게 굵어진 손가락 마디가 눈에 들어왔다. 도대체 저 굵은 손가락에 반지가 어떻게 들어갔지 의아할 정도로 울퉁불퉁했던 외할머니 손가락이 생각났다. '나도 할머니 손가락처럼 울퉁불퉁 못생겨지면 어쩌지?' 하며 덜컥 겁이 났다.

물건을 수없이 들었다놨다를 반복하며 손가락 관절을 많이 쓰니 손가락 마디가 화끈거리기 시작했다. 동시에 손끝까지 혈액순환이 잘 안되는지 늘 손끝이 차고 손이 저리고 시렸다. 잠을 자다가도 손이 너무 저려 깨곤 했다. 아무 감각이 없어진 손을 주무르거나 허공에 대고 툴툴 털면 그날 잠은 다 달아났다. 또 계산대에서 만지는 제품의 반 이상이 냉동 혹은 냉장 제품으로 찬 제품을 계속 만지다 보니 손은 늘 얼어 있었다. 40도가 넘는 한여름에도 운전대의 온열 기능을 가장 세게 틀어놓아야 했다. 평소 같으면 너무 뜨거워 넣을 수도 없는 온수에 1시간 이상 손을 담가도 손이 따뜻해지질 않았다. 피부만 벌겋게 달아오를 뿐이었다.

트레이더 조에서 일이 끝나고 스타벅스로 바로 출근하는 날에는 평소 싫어했던 설거지 업무가 너무 반갑게 느껴진다. 뜨거운 물을 틀어놓고 한두 시간 설거지를 하다 보면 손에 조금은 따뜻함이 느껴지기 때문이다. 손을 닦겠다고 내가 틀어놓은 온수에 무심코 손을 댔다가 "앗 뜨거워!" 하고 깜짝 놀란 스타벅스 동료들이 원망스러운 표정으로 나를 쳐다본 적도 한두 번이 아니다. 어떻게 맨손으로 이렇게 뜨거운 물에 설거지를 한단 말인가, 하는 표정이었다.

일한 지 6개월이 넘어가고 굵어진(혹은 더 굵어져가는 것처럼 보이는) 손가락을 보며 이 일을 계속해야 하나 고민했다. 그런데 답은 한 가지였다. 몸뚱이보다 중요한 건 경험이라는 생각, 조금 아프고 불편한 것보다는 '그래, 계속해보자. 지금 그만두면 또 언제 하겠어?'라는 마음이 앞섰다.

고비 2. 온몸은 피멍투성이

새벽 네 시 전에 대형 화물트럭 두 개 분량의 제품이 도착하고, 밤에는 또 대형 화물트럭 한 개 분량의 제품이 도착한다. 제품은 크게 두 가지 형태로 운반되는데, 팔레트(하역 받침)와 트레이 스택(켜켜이 쌓여 있는 플라스틱 상자)이다. 팔레트와 트레이 스택 안에는 각종 과일, 감자, 양파와 같은 무거운 청과물, 농산물, 우유와 물 묶음, 빵 그리고 각종 냉동 제품들이 사람 키보다 높이 쌓여 있다. 정확한 무게는 재보지 못했지만 우유와 물 등이 들어 있는 무거운 팔레트는 1톤까지 나갈 것 같고, 빵이나 스프가 들어 있는 플라스틱 스택은 200킬로그램은 나갈 것 같다.

팔레트는 포크가 달린 지게차로 운반해서 옮기고 플라스틱 스택은 '돌리dolly'라고 불리는 바퀴 두 개짜리 카트로 하역 구역부터 매장 안까지 운반한다. 내가 일하는 매장에 있는 지게차는 사람이 차 안에 타서 운전하는 형태가 아니라 반수동이어서 사람이 운전대를 힘으로 돌려서 작동한다. 물론 직진, 후진 등은 모터가 하지만 방향을 트는 것은 온몸을 거의 매달리다시피 해서 몸무게를 이용해 방향을 바꾸어 운전해야 한다. 아직 익숙하지 않아서인지 하역을 몇 번만 해도 옷이 땀으로 흠뻑 젖는다. 어깨와 허리를 너무 많이 써서 다음 날 여기저기가 결리고, 방향을 바꾸다 운전대가 자꾸 팔뚝을 치는 바람에 팔 한쪽은 시퍼렇게 멍이 든다.

그래도 팔레트 운반은 괜찮다. 돌리로 내 키보다 훨씬 높이 쌓여 있는 플라스틱 스택을 나르는 일은 정말 고역이다. 돌리에 얹는 스택의 무게중심을 내 쪽으로 옮긴 다음 운반하게 되는데, 너무 무거워서 까딱 잘못하면 깔려 죽을 수도 있겠다 싶다. 하역장에서 매장 입구로 가는 경사진 곳을 오를 때는 정말 눈앞이 하얘진다. 그렇게 힘을 쓰고 집에 돌아와 거울을 보면 스택의 무게를 이겨내려고 힘껏 받친 어깨에 피멍이 번져 있다.

도저히 이건 못 하겠다고 말해야지 하는 생각이 들다가도, 남들도 다 하는 것을 못 한다는 게 자존심이 상해 오늘도 참아본다. 나보다 몸집이 작은 여성 동료들도 무리 없이 잘하는 것을 보면, 내가 아직 요령이 부족해서 그런 것이리라. 그래, 익숙해질 때까지 해보자. 피멍이야 삼사일 지나면 없어지니 말이다.

캐셔를 할 때면 카트에 실려 있는 제품을 한 손으로 들어올려 스캔을 한다. 미국은 대용량 제품이 많다. 우유는 1갤런, 즉 4리터짜리가 기본이다. 1.5리터 물병도 대부분 12개씩 묶여 있다. 10킬로그램이 넘는 물건들을 쉴 새 없이 들어서 스캔하다 보면 속으로 '으악' 소리가 절로 나온다.

일한 지 6개월이 되었을 때 팔꿈치에 신호가 왔다. 오른팔에 힘을 줄 때마다 통증이 느껴진다. 병원에서 내린 진단은 테니스 엘보우. 테니스도 한 번 안 쳤는데 억울한 일이었다. 테니스 엘보우 때문에 죽도를 들을 수가 없어 16년 동안 빼먹지 않던 검도 운동도 쉬어야 했다. 내가 가장 좋아하는 운동을 완전히 못 하게 되는 건 아닐까 걱정이 되었다. 내가 가장 좋아하는 걸 못 하게 되다니, 이 일을 계속 할 수 있을까? 이 정도에서 그만 접어야 하나 심각하게 고민했다.

그러다 어느 날 나보다 오래 일한 동료들에게 "팔꿈치가 아팠던 적은 없니?" 하고 물어보았다. 하나같이 그런 경험이 있다고 했다. 몇 명은 지금도 통증을 느낀다고 한다. 그 친구들 대부분은 투잡을 뛰고 있다. 두 명은 우리 매장에서 일을 마치면 또 다른 식료품 매장에서 일한다. 몸 사리지 않고 열심히 일해 돈을 벌고 가정을 꾸린다.

순간 생각했다. '내가 높은 연봉을 받으며 그럴싸한 직함을 가지고 있었던 건 예전 얘기다. 통장에 잔고가 있든 말든, 현재 나는 슈퍼마켓 매장 직원이고 시급을 받는 직원이다.' 격주급으로(미국은 보통 격주로 임금을 정산한다) 생활하는 동료들은 나처럼 취미 생활을 지속할 수 없다고 일을 그만둘까 고민하지는 않을 것이다. 다른 사람들이 그만두지 못하고 계속 일한다면 나도 그런 진지한 마음으로 임해야 한다. 몸 여기저기가 아프다고 쉬거나 직장을 그만두는 건 한가한 소리였다.

이렇듯 육체의 한계 앞에서 수없이 고비를 겪었다. 나이 탓을 해볼까 싶었지만, 우리 매장에는 앞니가 거의 없지만 임플란트가 너무 비싸 감히 상상도 못 하는 동료, 허리가 굽은 할머니 동료, 흰머리가 눈처럼 수북이 쌓여 있는 할아버지 동료, 남들 일하는 속도의 절반 정도로 천천히 일하는 또 다른 나이 드신 동료들이 일하고 있다. 그러니 50대 중반이면 나는 젊은 청년 아닌가!

힘들어 그만두고 싶을 때마다, 내가 갭이어로 트레이더 조에서 일하는 게 취미 활동이 아니라는 사실을 나 자신에게 지속적으로 상기시켰다. 그리고 이번 갭이어 동안 나도 동료들처럼 치열하게 또 절박하게 일하는 것이 맞다는 결론을 내렸다. 그런 마음으로 6개월이 넘어가고, 10개월이 넘어가면서 몸이 익숙해지기 시작했다. 어떻게 힘을 써야 근육에 무리가 가지 않게 일도 잘하는지 요령도 생겼다. 무엇보다도 치열한 삶의 현장에서 만나는 동료들을 보는 것 자체가 힘이었다. 그렇게 내 마음은 조금씩 회복되었다.

$$\boxed{7}$$

계획하지 않은 변화에서
인생의 주도권을 찾는 법

계획하지 않은 변화가 내 인생을 지배하고 있을 때 불안한 것은 당연하다. '이전으로 빨리 돌아가야 하는데' 하고 마음에 조바심이 난다. 구글을 그만두고 1년 동안 개인 프로젝트를 마음껏 해보자고 결심했다. 그런데 시간이 왜 이리 빨리 가는지 눈 깜짝하면 3개월, 고개를 들어보면 6개월이 뭉텅뭉텅 지나갔다.

그리고 이 글을 쓰는 시점인 지금은 벌써 갭이어의 마무리를 향하고 있다. 갭이어 이후의 내 삶은 어떻게 펼쳐질까?

2023년 1월 말에 나는 구글에서 정리해고 통보를 받았다. 하지만 공식적인 퇴사일은 4월 1일이었다. 공식적으로 'ex-Googler'가 되는 4월 1일 아침, 링크드인 프로필에 들어가 '전 구글러 Google Alum'라고 표시했다.

기분이 묘했다. 이미 '1만 명 만나기 프로젝트'라는 갭이어 계획을 실행하고 있던 터라 트레이더 조에서 일을 시작한 지 두 달이 되고, 리프트 운전을 시작한 지 한 달이 넘은 시점임에도 불구하고 소속이 없어졌다는 게 불안했다. 안전한 그물망에서 벗어난 느낌이랄까. '난 이제 정말 망망대해에 던져졌구나' 실감했다.

동시에 지금의 나를 어떻게 표현할지 고민했다. 직장 생활을 하면서 공백기를 가져본 적이 전혀 없었기 때문에 이런 공백기를 어떻게 표현할까 생각해본 적도 없었다. 지금의 나의 활동을 잘 표현할 방법을 고민했다. 그리고 '개인 프로젝트 진행 중'이라고 올렸다. 트레이더 조 크루, 스타벅스 바리스타로 아르바이트를 하면서 세 번째 책을 준비하고 있다는 설명을 덧붙이고 간단한 홈페이지도 만들어 링크를 걸었다. 홈페이지에는 그동안 진행한 강연 링크와 컨택 포인트를 넣었다.

모든 것은 마음먹기에 따라

2023년 10월 1일, 구글을 그만둔 지 6개월이 되었다. 1년간 개인 프로젝트를 진행하겠다고 계획했지만 마음속으로는 '6개월 내에는 다시 회사로 돌아갈 수 있겠지' 생각했다. 1년은 좀 길고 6개월 정도 내가 하고 싶었던 아르바이트를 실컷 해보고 다시 회사로 돌아가면 좋겠다는 바람이 있었다. 그런데 시간이 너무 빨리 가버려서 6개월이 되는 그날까지도 인터뷰에서 계속 떨어지고만 있었다. 그러다 보니 조급증이 확 들었다. 불안하고 조바심도 났다. 6개월 이상 실무에서 떠나 있으면 일하는 감각을 잃지 않을까 하는 걱정이 들었다. 그렇게 10월 1일은 오전 내내 불안한 상태로 보냈다.

그런데 오후에 저녁밥을 먹다가 문득 이런 생각이 들었다.

'왜 이렇게 조급해하는 거야? 애초 계획은 1년이었잖아. 이제 절반이 지났을 뿐이야. 지금 네가 하는 일은 평생 다시 해보지 못할 수도 있어. 다른 사람들 앞에서만 소중한 경험이라고 말했던 거야? 사실은 아르바이트하고 있는 모습이 부끄러웠던 거야?'

솔직히 때로는 '이 시간이 아무 의미 없이 지나가버리는 게 아닌가' '나 혼자만 의미 있다고 우기는 게 아닌가' 하는 생각도 들었다. 그래서 이 기회에 정말 솔직해보자고 마음먹고 6개월을 돌아보았다. 아쉬움과 후회도 분명히 있었지만 새로움, 즐거움, 행복감, 뿌듯함, 자랑스러움 등 긍정적인 감정이 더 많았다. 특히 트레이더 조에서 일한 경험은 너무나 인상적이어서 1년 정도는 해야 그 속을 깊이 알 수 있을 것 같았다. 리테일의 정수를 현장에서 맛보는 것 말이다.

'현장으로 돌아가 고객의 목소리를 듣자!'라는 다소 두루뭉술한 갭이어 목표가 '현장에서 리테일과 서비스를 배우고, 평생 우정을 나눌 친구를 만나자!'라는 뾰족한 목표로 다듬어지는 순간이었다.

목표를 이루기 위해서는 시간이 좀 더 필요했다. 아직 배울 것이 더 있었고, 깊은 우정을 나누고 싶은 사람도 많았다. 목표를 이루기엔 남은 6개월이 턱없이 부족해 보였다. 그래서 1년을 꽉 채워 갭이어를 갖기로 했다.

불안함은 발전과 성장의 동력이다

갭이어 프로젝트를 하면서도 늘 구직 정보를 체크했다. 실리콘밸리에 있는 대부분의 기업들이 대량 해고를 했고 또 아직도 진행 중이기 때문에 구직 시장에는 인재들이 흘러넘쳤다. 괜찮은 회사의 구인 공고에는 공지가 올라온 지 하루 이틀 만에 500명이 넘는 지원자가 몰렸다. 경쟁이 엄청나게 치열했다. 이런 치열한 경쟁 속에 내가 갈 수 있는 곳이 있을지 걱정이 되기 시작했다.

회사를 30년 다닌 사람이 회사라는 소속감이 없으니 아무리 N잡을 하고 있더라도 하루에도 몇 번씩 불안감은 생겼다 없어졌다 한다. 감정을 솔직하게 인정하는 건 중요한 것 같다. 감정이라는 것을 너무 억지로 눌러놓으면 언젠가는 다시 터지기 마련이니 말이다.

불안할 때면 자기 자신의 역사를 돌아보자. 자세히 들여다보면 인생 혹은 커리어에서는 작은 승리들이 있다. 그 승리들이 있었을 때 내가 편안함을 느꼈었던가 아니면 불안함을 느꼈었던가. 지난 30년의 내 커리어 인생을 되돌아봤을 때 건강한 불안감은 자기 동력이라는 발전기를 통해 발전과 성장의 모습으로 나타났다. 반대로 편안함을 느끼면서 발전을 기대하기란 어렵다.

그래도 내 미래와 커리어에 불안감을 느끼고 또 느낀다면 한 가지 방법을 추천한다. 자신의 이력서를 10번만 읽어보라는 것이다. 이력서를 반복해 읽으면 '와, 내가 이렇게 많은 일을 했어? 나 이렇게 훌륭한 사람이었단 말이야?' 하며 다시 자신감이 올라온다.

갭이어를 마무리하는 단계인 지금은 컨설팅과 각종 파트타임 일을 하면서 계속 N잡러로 지낼지 혹은 다시 회사라는 기업에 소속되어 커뮤니케이션 전문가로 살아갈지 기로에 서 있다. 다만 무슨 일을 하던지 갭이어 전과 후는 그 깊이나 넓이가 크게 달라질 것이라고 확신한다. 1년간 새로운 환경에 내던져져 열심히 살아온 나의 갭이어 기록은 앞으로 내가 살아가는 데 큰 무기가 될 테니 말이다. 자연인 로이스만의 무기를 간직한 채 시작하는 인생 2막이 더욱 기대되는 이유다.

진짜 플레이오프 진출이다!

사이드 허슬로
커리어 전환과 확장 준비하기

'사이드 허슬side hustle'이란, 직장을 다니면서 본업 이외에 재미있는 일을 하는 것을 말한다. 트레이더 조, 스타벅스, 리프트 일을 하면서 예전에도 이런 일을 사이드 허슬로 했으면 좋았겠다는 생각이 수시로 들었다.

통계*에 따르면 미국 직장인의 절반에 가까운 45%가 사이드 허슬을 가지고 있고, 사이드 허슬러들의 한 달 평균 수입은 688달러(약 94만 원) 정도로 이 돈은 대부분 생활비에 보태거나 저축하고 있다. 사이드 허슬은 요즘처럼 다이내믹하게 변하는 직장 환경 속에 내던져진 직장인들에게 부가적인 수입원을 확보하는 것 이외에도 두 가지 장점이 있다.

첫째, 경력 개발이나 전환에 도움이 된다

나는 갭이어를 통해 다른 산업 분야에 대해 더 잘 이해할 수 있게 됐다. 트레이더 조에서 일하면서는 산지부터 식탁까지 식료품의 생산 사이클을 비롯해서 공급망 관리와 리테일 마케팅 전략에 대해서도 알게 되었다. 특히 아마존으로 대변되는 현재 마케팅 트렌드를 거꾸로 가고 있는 트레이더 조의 운영 방식을 가까이에서 보면서 마케터로, 커뮤니케이터로 새로운 시각을 갖게 되었다.

스타벅스에서 일하면서는 멤버십을 통한 효과적인 프로모션 전략과 업셀링(좀 더 좋고 비싼 제품을 사도록 유도), 크로스셀링(다른 것을 함께 구매하도록 유도)이 실제로 어떻게 진행되는지 볼 수 있었다.

리프트 운전을 하면서는 우편물에도 적용 가능한 물류 배송 신산업과 자율주행 트럭 소프트웨어와 같은 첨단기술산업에 대한 지식까지 갖게 되었다. 이 모든 건 16년 동안 구글이라는 안전망 안에 있을 때는 생각하지도 못했던 것들이었다.

둘째, 잠재력을 발휘할 수 있다

직원이 본업 이외에 다른 일을 할 때 본업에 대한 충실도가 떨어지지 않을까 걱정하는 회사들이 많다. 그래서 어떤 회사들은 이중 취업 금지 규정을 갖고 있다. 그들은 직원의 관심과 충성도는 제로섬게임이어서 어느 하나에 치우치면 나머지는 줄어들 수밖에 없다고 생각한다. 그런데 미국에서 직장인들을 대상으로 한 조사에 의하면 사이드 허슬을 가지고 있는 사람들의 67%가 사이드 허슬을 가지고 있지 않은 사람들에 비해 더 높은 만족도를 보였다. 또한 사이드 허슬러 대부분은 주 5~10시간만 사이드 허슬에 투자하고 있다고 한다. 이 정도 시간이라면 본업에 지장을 주지 않는다고 볼 수 있지 않을까?

트레이더 조에서 만난 중견 기업의 마케팅 매니저 니콜라스는 일주일에 한 번만 일하는데, 차후 리테일 분야로 직장을 옮길 계획이라 미리 필드 경험을 쌓고 있다. 공공기관의 신입 사원인 스타벅스의 한 바리스타는 반복되는 업무를 효율적으로 할 수 있는 방법과 팀을 리드하는 방법을 배우고 싶어 스타벅스에서 일한다고 했다.

이렇게 사이드 허슬은 커리어 확장에 대한 기회와 일하는 즐거움 창출이라는 장점이 분명히 있다. 하지만 모든 사람이 다 할 수 있는 상황은 아니니 신중한 접근도 필요하다. 무엇보다 새벽부터 밤까지 이어지는 일로 육체 피로가 이미 한계선을 넘어선 상태인 직장인들에게 사이드 허슬은 또 다른 심리적 피로감을 줄 수 있다. 또 본업 회사의 사내 규정도 잘 확인해야 한다.

다음은 사이드 허슬을 시작할 때 고려해야 할 점 5가지이다.

첫째, 왜 하고 싶은지 목적성을 갖자

나의 경우 '1만 명을 만나 그들에게서 배운다'라는 목표를 세우고 갭이어에 들어갔다. 그래서인지 바리스타가 되어 세 시간 내내 설거지만 해도, 매일 무거운 카트를 끌면서도 즐거웠다. 그 모든 것이 새로운 사람을 만나는 과정이었기 때문이다. 보통 사이드 허슬은 없는 시간을 쪼개서 하기 때문에 원하는 대로 일이 진행되지 않으면 많은 스트레스를 받게 된다. '대체 왜 내가 바쁜 시간을 쪼개가면서 이 짓을 하고 있지?' 하고 말이다. 이럴 때는 방향성, 목적성을 다시 떠올리는 게 도움이 된다.

둘째, 재능과 열정의 교집합을 찾자

돈만 생각하고 즐거움이나 열정을 못 느끼는 일을 억지로 하면 금방 지쳐버릴 수 있다. 그래서 재미있고 잘하는 일로 사이드 허슬을 찾아야 한다. 구글코리아에서 일할 때 스타트업을 지원하는 업무를 맡았던 한 동료는 사이드 허슬로 '이야기가 있는 맥줏집'을 열었다. 자신이 경험과 재능을 가지고 있는 스타트업 분야와 즐거움을 느끼는 문화 콘텐츠 분야를 잘 접목해 사이드 허슬을 한 사례다. 사진 편집에 능하고 디자인도 좋아한다면 프리랜서 그래픽 디자이너가 될 수도 있고, 반려동물을 키우고 있고 좋아한다면 펫 시터 사업도 할 수 있겠다.

셋째, 적정한 수준으로 시간을 관리하자

본업에 지장을 주지 않으면서 가용할 수 있는 시간이 얼마나 되는 지를 명확히 알아야 한다. 사이드 허슬에 과도하게 시간을 투자 하면 번아웃이 와서 지속하지 못할 수 있고, 반대로 너무 적게 투 자하면 원하는 결과를 내기 어려워 동기가 저하될 수 있다. 사이 드 허슬을 시작하기 전에 한 달 정도 자신의 시간 활용 패턴을 분 석하고 보다 효율적으로 운용할 수 있는 방법을 찾아보자. SNS에 쏟는 시간이나 OTT 보는 시간을 줄이거나 차가 밀리는 피크타임 을 피하면서 그 시간에 할 수 있는 걸 알아보는 것도 좋다.

넷째, 수익 목표를 설정하자

수입은 본업에서 충당하고 사이드 허슬은 즐거움이나 자기만족 을 얻는 소일거리 정도로 생각할 수도 있지만, 수익까지 올리면 당 연히 더 좋다. 미국 사이드 허슬러의 30% 이상이 본인이 투자한 비용 이상의 수익을 올렸다고 답했다. 나는 갭이어 프로젝트를 하기에 앞서, 시간당 20달러를 최저 수입으로 잡았고 주 1,000달러 수익을 목표로 했다. 매주 그 목표치를 달성하지는 못했지만 수익 목표가 있어 더 진지하게 열심히 일할 수 있었다.

다섯째, 주요 점검 지표를 만들자

많은 사람이 사이드 허슬러 혹은 N잡러를 꿈꾸며 기세 좋게 시작하지만, 머지않아 현실의 벽을 느끼며 중단한다. 기껏 시작한 사이드허슬이 흐지부지되지 않으려면 미리 주요 지표를 만들어놓고 달성할 때마다 리뷰하는 것이 좋다. 결과에 만족하는지, 해보니 즐거움을 느끼는지 돌아보고 이 일을 계속할지 멈출지 점검하는 시간을 갖는 것이다. 한 번 시작했다고 해서 억지로 질질 끌고 갈 필요는 없다. 그러면 즐거움도 느끼지 못하고 의미도 찾지 못한다. 게다가 가장 우려하던 사태, 즉 본업에 부정적인 영향을 미치는 일이 생길 수도 있다.

그러나 사실 앞서 열거한 다섯 가지보다 더 중요한 것이 있다. 생각이 있다면 꼭 한번 시작해보라는 거다. 누구나 새로운 일을 시작하기 전에는 두려움을 느낀다. 트레이더 조 첫 출근 날, 스타벅스의 초록색 앞치마를 처음 입었던 날, 리프트 운전 앱을 켜서 첫 콜을 받은 날이 지금도 생생하다. 내가 과연 잘할 수 있을까 떨렸고 어설펐고 두려웠다. 그런데 일단 시작하니 '별것 아니네!' 하며 자신감이 생기고 일에도 탄력이 붙었다.

요즘 나는 후배들에게 이렇게 말하며 사이드 허슬을 적극 권한다. "직장인은 두 그룹으로 나눌 수 있습니다. 사이드 허슬을 해본 사람과 그렇지 않은 사람!" 사이드 허슬을 통해 그 사람의 적극적인 태도와 진취적인 자세를 볼 수 있다.

하루아침에도 수없이 많은 일자리가 생겨났다가 사라진다. 언제 어떤 변화가 나에게 닥쳐올지 모르는 지금 같은 시대에, 본업 외에 나의 삶을 지탱해줄 수 있는 사이드 허슬은 어쩌면 필수다.

인생 최고의 한 해

하트를 정성껏 만들어 올린 따뜻한 라떼를 고객이 한 모금 마시더니 고개를 갸우뚱한다. '또 뭐가 틀렸나?' 속으로 덜컹한다. 홀밀크whole milk 대신 오트밀크oat milk를 넣었다. 음료를 다시 만들어 고객에게 건네며 겸연쩍어하고 있는데, 옆에 있던 8년 차 바리스타는 자기도 홀밀크와 오트밀크를 늘 잘못 알아듣는다며 위로의 말을 속삭인다.

30여 년 사회생활을 하면서 큰 실수를 한 기억이 없는데, 갭이어 1년 동안은 매일매일이 실수투성이고 어설펐다. 얼굴이 빨개진 적도 많았고, 누군가에게 고개 숙여 사과할 일도 여러 번 있었다. 그 어느 때보다 새로운 경험을 많이 한 1년이었다. 누가 내 인생 중 가장 기억에 남는 해, 아니 내 인생 최고의 해가 언제냐고 묻는다면 자신 있게 2023년을 말할 것이다.

- 만난 사람 수: 약 1만 명. 잠실야구장 절반을 채울 수 있는 숫자다.
- 걸음 수: 매일 2만 5,000보 이상, 1년 동안 약 750만 보. 거리로 치면 5,300킬로미터다. 미국 동서 횡단 거리보다 길고, 서울~부산을 6번 이상 왕복한 거리다.
- 일한 시간: 일주일 평균 70~80시간.

나의 2023년을 이렇게 숫자로 정리해보니 어깨가 으쓱해진다.

한 해 동안 나는 실리콘밸리의 N잡 알바생으로 살았다. 슈퍼마켓에서 지게차를 운전하고 사과 박스를 나르고 캐셔를 했다. 바리스타가 되어 100가지가 넘는 음료를 만들었다. 운전사가 되어 승객을 날랐다. 그 안에서 사람을 만났고 그들의 따뜻하고 가슴 뭉클한 사는 이야기를 들었다. 1만 명을 목표로 했으나 10개월 만에 그 숫자를 이미 넘었다. 아, 그리고 펫시터로 고양이 웨비Webby도 돌봤다.

새벽에 일어나서 아르바이트를 하고, 집에 돌아와 컨설팅과 스타트업 프로젝트, 원고 쓰기 등등을 하고 나면 자정을 훌쩍 넘긴다. 정리해고가 가져온 부정적인 감정들을 떨쳐버리고 싶어서였는지 의식적으로 더 바쁘게 지냈고, 몸을 많이 움직였다. 갭이어 1년 동안 매일 2만 5,000보 이상을 걸었으니 미국으로 치면 동서 횡단을 한 만큼의 거리이다. 몸이 바빠서인지 우울감에 빠지지 않고 마음을 잘 다스린 것 같다.

이제 나의 갭이어는 마무리 단계에 들어서 있다. 갭이어 기간 동안 '내 인생에 이런 날이 또 올까?' 하는 마음으로 일분일초를 아껴가며 치열하게 살았다. 아니, 치열하게라고 말하면 너무 정이 없어 보인다. 사람들을 만나며 '가슴 따뜻하게' 살았다. 큰 조직에 있던 30년 동안 만나지 못했던 사람들을 만났고, 해보지 못한 일을 해봤다.

앞으로의 커리어 확장에 있어서도 이번 갭이어는 큰 의미가 있다. 아르바이트로 출발한 일이었지만 이 경험을 통해 그동안 전문 경험을 쌓았던 테크, IT, 제약 업계를 넘어 다른 산업에 대한 지식과 인사이트를 갖게 되었기 때문이다. 이렇게 향후 마케팅과 커뮤니케이션 분야에서 내가 다시 일하게 될 때 이야기할 수 있는 소재가 몇 배로 늘어났다. 작년부터 하고 있는 마케팅·커뮤니케이션 분야 컨설팅에도 넓어진 시야와 깊어진 안목을 충분히 활용하고 있다.

더 중요한 건 정리해고 후 갭이어를 가지면서 새로운 일을 하는 것에 대한 자신감이 붙었다는 거다. 배우고 실수하고 깨닫고 고치고 또 다시 실수하면서 '태어날 때부터 잘하는 사람은 없잖아?' 하는 단단한 마음과 맷집이 생겼다. 느릴 수 있을지언정 배우면 뭐든지 할 수 있다는 것을 다시 한번 실전을 통해 깨달았다. 머리로 아는 것과 진짜 해보고 몸이 아는 것은 천지차이다. 그 귀한 경험을 나이 오십을 넘어 하게 되다니, 행운이라고 생각한다.

갭이어를 마치는 시점에 한 가지 프로젝트를 더 시작했다. 중고등학생과 학부모인 멘티를 대학생 멘토들과 1대 1로 연결해주는 스타트업이다. 실리콘밸리에 살면서 창업가 정신을 실천해봤다는 것도 의미가 있을 거 같아 지인들과 함께 교육 테크 아이디어를 확장해나가고 있다.

물론 내가 전문성을 가지고 있는 커뮤니케이션 분야에서 구직활동도 계속할 예정이다. 글로벌 성공을 목표로 하는 한국 기업들의 마케팅과 커뮤니케이션 부문 컨설팅 업무를 지속하면서, 특히 미국 진출을 계획하는 스타트업들의 성장에 도움을 주고 싶다. 또한 말과 글로 먹고사는 커뮤니케이션 분야의 최고 임원인 '최고 커뮤니케이션 책임자Chief Communications Officer'에도 도전하고 싶다. 미국에서 비원어민으로 커뮤니케이션 분야 일을 하는 건 결코 쉽지 않지만 인터뷰 보는 일도 영어 공부하는 셈 치며 즐기려 한다.

정리해고 통보를 받은 후 친구에게 보낸 문자 메시지에서 '레이오프layoffs'를 '플레이오프playoffs'로 잘못 타이핑하고 그 심오함에 감탄했는데, 1년을 돌아보니 정말 나는 인생의 플레이오프에 진출해 있었다.

결승리그에 올랐으니 물러날 순 없지, 이젠 챔피언을 향해 간다!

감사의 글

정리해고 통보를 받고 나서부터 쭉 일기를 써왔습니다. 무언가를 적는 일은 생각을 정리하게 하고, 마음을 잡아주기도 합니다. 특히 그 시간에는 온전히 한 가지에만 집중할 수 있어 글쓰기는 저에게 참 좋은 명상 방법입니다.

이 책을 쓰면서 제가 하고 있는 갭이어 프로젝트에 더 큰 의미를 부여할 수 있었습니다. 제 경험과 깨달음을 공유하겠다는 다짐은 지칠 때 힘이 되었고 힘들 때 용기가 되었고 졸릴 때 각성제가 되었습니다. 책을 쓰며 저를 성찰하는 시간을 가진 덕분에 지난 1년을 여한 없이 정말 꽉 차게 보낼 수 있었습니다.

책을 준비하면서 특히 고마웠던 분들이 계십니다. 먼저 화상 미팅을 하며 저의 시시콜콜한 일상을 관심 있게 들어준 편집자 세영 님께 감사를 드립니다. 트레이더 조에서 일하면서 한국산 냉동 김 밥이 불티나게 팔려 신나했던 일, 스타벅스에서 음료를 만들다가 실수해서 슈퍼바이저에게 구박받은 일, 리프트 기사로 일하며 시 력을 잃은 풋볼 코치 승객을 만났던 일 등 사소한 에피소드도 지나 치지 않고 들어주셔서 책에 더욱 풍부한 이야기를 담을 수 있었습 니다. 지난 1년 동안 세영 님과 꾸준히 대화하면서 생각도 정리하 고 마음이 편해지기도 했습니다. 그리고 제 보잘것없는 이야기를 세상에 내주신 위즈덤하우스 출판사에도 감사를 드립니다.

영어로 번역되기 전까지는 이 책을 읽을 수는 없겠지만, 매일 같이 주먹 인사를 하며 "슈퍼 로이스Super Lois!" 혹은 "영 로이스 Young Lois!"로 불러주는 트레이더 조의 100명이 넘는 동료들과 슈 퍼마켓에서 만난 모든 고객들께 감사를 전합니다.

"로이스는 꼭 바리스타를 하진 않아도 될 것 같아"라며 귀엽게 면박을 주는 스타벅스 바리스타 동료들과 "그럴 수도 있죠"라며 실수도 이해해준 친절한 고객들에게도 감사합니다.

또 제 차를 타고 진솔하게 대화를 나눠준 약 600명의 승객들에 게(특히 풋볼 코치!) 감사를 전합니다.

궁극의 '츤데레' 모습으로 임시 집사를 서운하게 만드는 고양이 웨비에게도 고맙습니다.

무엇보다 정리해고 후 매주 만나 산책을 하면서 서로 위로하고 마음 성장을 도운 전 직장 동료 재원 님께 감사드립니다.

정리해고 이야기를 듣고 "그 정도 일했으면 충분해!"라고 호탕하게 격려해준 가족들께도 감사를 전합니다. 해고 통지를 받은 날이 하필 설 연휴여서 괜한 얘기 꺼내 분위기를 어둡게 만들까 봐 바로 얘기할 수 없었지만, 역시 '언제나 제 편'이 되어주어 든든했답니다. 저보다 나이가 많은 본인들도 지금 현업에 있으니 막내인 저에게 은퇴 얘기는 꺼내지도 말라고 은근히 압력을 주는 큰언니와 작은언니에게 특히 감사합니다. 또 내색은 잘하지 않지만 엄마를 늘 자랑스러워 해주는 아이에게도 고맙습니다. 필립, 네가 있어 늘 든든해. 사랑해!

그리고 친정 엄마와 시어머니께 깊은 고마움을 전합니다. 지난 30년 동안 제가 마음 편히 직장 생활을 하는 동안 아이를 키워주시고 저보다 저를 언제나 더 자랑스러워해주셨습니다. 다리미질하면서 데었던 곳을 다 낫기도 전에 또 데어 결국 거무스레 흉터가 남아 있는 친정 엄마의 손목을 볼 때마다 참 속상했었습니다. 또 손끝에 가시가 박혀 스칠 때마다 찌릿찌릿했을 텐데도 제가 빼드리겠다고 하면 '에이 괜찮아' 하고 손을 비비며 넘어가시는 시어머니를 볼 때마다 왜 그러시는지 의아했습니다. 그런데 이번 갭이어 기간 동안 육체노동을 하다 보니 제 손목도 스타벅스 오븐에 데인 곳을 또 데어 물집이 가실 날이 없었습니다. 조심하려고 해도 일을 빨리하려는 조급한 마음에 데인 자리가 또 데어 친정 엄마 손목처럼 거무스레 자국이 남았습니다. 또 일하다 손끝에 가시가 박힌 것 같아도 바빠서 안경 쓰고 자세히 살펴볼 시간도 또 뺄 시간도 없었습니다. 시어머니께서 그러셨듯이 저도 그냥 손을 비비며 지나갔습니다. 이삼일이 지나면 아무런 느낌이 없었습니다. 가시가 자동으로 빠져나갔거나 제 피부의 일부가 되었겠지요. '시어머니께서도 전에 이렇게 넘어가셨구나' 하고 이해하게 되었습니다. 제 커리어 인생에 숨은 히어로unsung heroes이신 친정 엄마와 시어머니를 일 년 내내 기억했습니다. 두 어머님, 진심으로 감사합니다.

아, 하마터면 깜빡할 뻔했네요. 정말 빠뜨리면 안 될 곳. 구글, 날 끊어줘서 고마워!

참고 자료

20쪽 layoffs.fyi
244쪽 www.self.inc/info/side-hustle-statistics/

구글 임원에서 실리콘밸리 알바생이 되었습니다

초판 1쇄 인쇄 2024년 4월 15일
초판 1쇄 발행 2024년 4월 24일

지은이 정김경숙(로이스 김)
펴낸이 최순영

출판1 본부장 한수미
와이즈 팀장 장보라
책임편집 선세영
디자인 신나은
일러스트 하완

펴낸곳 ㈜위즈덤하우스 **출판등록** 2000년 5월 23일 제13-1071호
주소 서울특별시 마포구 양화로 19 합정오피스빌딩 17층
전화 02) 2179-5600 **홈페이지** www.wisdomhouse.co.kr

ⓒ 정김경숙, 2024

ISBN 979-11-7171-180-2 03320